JN260866

地域環境税と自治体

― 環境にやさしい税のシステム ―

和田　尚久　著
（作新学院大学教授）

イマジン出版

はじめに

　環境問題と言う場合、地球温暖化を中心とする地球環境問題に目が向くことが多い。しかし、一人の人間の暮らしから考えていくと、地域を単位とする環境問題こそ、重要性が高いのである。

　本書では、このような認識の下に、「地域環境税」の概念を示した。そして、地域環境税を軸として、廃棄物処理を中心とする、地域環境を保ち守り向上させるための社会経済システムを検討している。

　地域環境税は、地域を単位とする環境に負荷を与える行為に課される、実質的に強制力を持つ経済的負担の総称である。その際、二つの条件をそなえるものを、地域環境税と呼ぶ。

　一つは、環境に負荷を与える行為を抑制することが期待される負担方法を取ることである。

　もう一つは、その行為による環境負荷への対応策を実施する費用を賄う手段となることである。

　地域環境税の場合、通常の環境税と異なり、経済学的効率性上の効果や環境に負荷を与える行為の程度を、税率設定の基準としない。これらは、事実上不可能だからである。環境を保全する行為や、環境負荷を軽減するのに必要な行為を行うのに必要な費用を基準とする。

　地域環境税は、経済理論的な試みとしてではなく、地方公共団体が実際に賦課する税の計算基準を提供することを目指すものである。

　地域環境税は環境負荷が生じる「原因」となる者に負担を求める。あるいは、特に地方公共団体の環境保全努力から「利益」を受ける者に負担を求めることになる。すなわち、受益（原因）と負担を一致させることとなる。受益（原因）と負担の一致は、一般廃棄物のように排出と処理が地域内で完結することが原則（例外も沢山ある）となっている問題の場合、行政手数料あるいは公共料金による負担を意味する。産業廃棄物のように、広い地域間にまたがる問題については、地域間にまたがる課税の仕組みを作ることが望ましいと言える。

　これらは、現在地方公共団体が直面している、地方分権の進展、

地方行政の効率性向上への要請に応じることになる。後者は、地方行政サービスを遂行するのに、様々な形で市場的機能を導入することに繋がる場合が多いようである。

　地方分権の進展は、地方公共団体に対して従来よりも高度の独立性を要請する。これは、個々の行政の独立性を高めることで達成できる。

　例えば、一般廃棄物処理がそうである。現在では、有料制を採用している地方公共団体でさえ、料金による採算上のカバー率は20％程度の場合が多い。地方公営企業（の原則）と同等に、これを独立採算的に運営できるのであれば、中央政府からの財政的干渉の余地は狭まる可能性が高い。同時に、一般廃棄物処理を独立採算的に運営することは、地方行政に市場的機能を導入したことになる。

　また、産業廃棄物処理やリサイクル資源の再処理は、単一の行政地域内に限定されない。この種の環境問題は、そこから発生する問題が、廃棄物の移動を通じて、廃棄物が発生した地域の外に影響を与える。これらも、地域環境税の負担とその配分を通じて、受益（原因）と負担を一致させることができるし、それが望ましいと考えられる。水資源や二酸化炭素問題に係わる、森林資源の涵養も同じ文脈で考えることができる。本書は、廃棄物問題を中心に論じるので、この問題は、ここで詳しくは扱わない。

　Ⅰ章では、地域環境税の概念とその意義について経済との関係や理念を含めて明示した。

　Ⅱ章で環境問題は自治体の重要問題であるとして、自治体の立場から、詳しく説明した。

　Ⅲ章、ごみ処理の有料制では、現在では典型的地域環境税であるこの問題について、必要性、有効性、効果の径路、方法等を論じている。

　Ⅳ章、自治体のごみ処理行政では、日本全国671市（調査当時）、同じく特別区23区を対象にしたアンケート調査結果を中心に、その実情を示した。この調査では、対象とした694市区の全てから回答を頂くという（回収率100％）、希有のご協力を頂いた。調査結果の分析、調査の前提となった考え方の整理も提示している。

　Ⅴ章、世界のリサイクル制度は、日本、ヨーロッパ、台湾の資源リサイクル制度の紹介と比較を行っている。環境先進国とされるヨーロッパの事例が日本で注目されるのは当然である。しかし、アジ

アの近隣に位置する台湾にも、注目に値する制度が存在する。リサイクルの社会経済制度としては、家電や乗用車のような耐久消費財を中心に、廃棄されたものの再利用や輸出という方法がある。

　Ⅵ章では、「産業廃棄物の処理」を扱っている。地域環境税として今後様々な展開が予想される分野である。現状の動きの紹介だけでなく、原理的な問題についても考察している。

　最後に、地域環境税の費用と地方自治の関係について考察してむすびとしている。

目　次

はじめに ………………………………………………………………… 3

目次 ……………………………………………………………………… 6

Ⅰ章　環境と経済 ……………………………………………………… 13
1．地域環境税の提案 ………………………………………………… 15
　　地域環境税は経済的負担全体の呼び名 ……………………… 15
2．地域環境と自治体 ………………………………………………… 17
3．地域の環境問題 …………………………………………………… 19
4．環境問題の地域性 ………………………………………………… 21
5．租税としての環境税 ……………………………………………… 23
6．費用と便益の地域的配分手段 …………………………………… 24

Ⅱ章　地域環境税 ……………………………………………………… 29
1．環境税 ……………………………………………………………… 31
　（1）環境税の3つの種類 …………………………………………… 31
　（2）地域的な負財としての廃棄物 ……………………………… 32
　（3）廃棄物とは …………………………………………………… 33
2．地域環境税の税率算定方法 ……………………………………… 34
　（1）経済的手段としての環境税 ………………………………… 34
　（2）ピグー税 ……………………………………………………… 35
　（3）ボーモル・オーツ税 ………………………………………… 37
　（4）行政経費を賄う税 …………………………………………… 38
3．目的税としての地域環境税 ……………………………………… 41
　（1）経済的手段の導入 …………………………………………… 41
　（2）有料制 ………………………………………………………… 42
　（3）目的税 ………………………………………………………… 44
　（4）受益者負担が行政の責任を明確にする …………………… 47
4．地方税としての地域環境税 ……………………………………… 48
　（1）地方税の骨子 ………………………………………………… 48
　（2）法定外目的税 ………………………………………………… 49
　（3）いろいろな地域環境税 ……………………………………… 50
　（4）廃棄物に関する新税構想 …………………………………… 52

Ⅲ章　ごみ処理の有料制 ……………………………………… 57
1．ごみ有料制 …………………………………………………… 59
（1）家庭ゴミ処理の有料化 ……………………………………… 59
（2）有料制の効果 ………………………………………………… 60
2．行政費用を賄う税 …………………………………………… 66
（1）サービス供給側からのアプローチ ………………………… 66
（2）会計の独立 …………………………………………………… 68
3．地域環境税と地方分権 ……………………………………… 69
（1）費用と便益（原因）への対応 ……………………………… 69
（2）地域「間」環境税 …………………………………………… 69
（3）地方分権を進める地域環境税 ……………………………… 70

Ⅳ章　自治体のごみ処理行政 ………………………………… 73
1．全国の有料制の動向 ………………………………………… 75
（1）アンケート調査 ……………………………………………… 75
（2）全国都市からの回答 ………………………………………… 76
（3）有料制は8種類のパターン ………………………………… 77
（4）アンケートの設問 …………………………………………… 80
2．家庭系一般廃棄物収集方法 ………………………………… 81
（1）従量有料制の3パターン …………………………………… 81
（2）浸透する有料制 ……………………………………………… 82
（3）制度の開始時期 ……………………………………………… 85
（4）地域的特徴 …………………………………………………… 86
3．指定袋制 ……………………………………………………… 90
（1）指定袋制の現状 ……………………………………………… 90
（2）指定袋制導入の目的 ………………………………………… 90
（3）名前の記入 …………………………………………………… 91
4．従量制 ………………………………………………………… 92
（1）袋やシールの制度 …………………………………………… 93
　①超過量有料制 ………………………………………………… 93
　②単純な従量有料制 …………………………………………… 94
　③段階式従量有料制 …………………………………………… 96
（2）従量制有料化の目的 ………………………………………… 97
（3）有料化によるごみ量の変化 ………………………………… 98
（4）有料以前の負担 ……………………………………………… 98

（5）有料化への反応 …………………………………… 99
　　　①合意形成に力を注いだところ ………………………… 99
　　　②有料化前後の市民の反応 ……………………………… 99
　　（6）有料化と資源ごみ収集 ……………………………… 100
　　（7）有料化の財政的影響 ………………………………… 100
　　（8）有料制運用上の留意点 ……………………………… 101
 5．有料制の評価 ……………………………………………… 101
　　（1）有料制の評価 ………………………………………… 101
　　（2）有料制の導入予定 …………………………………… 102
 6．行政評価 …………………………………………………… 102
　　（1）行政評価の必要性 …………………………………… 103
　　（2）清掃行政の評価基準 ………………………………… 103
 7．一般廃棄物課税 …………………………………………… 105
　　（1）アンケート調査によって分かったこと …………… 105
　　（2）人口規模別従量有料制都市 ………………………… 106
　　（3）有料化と地域環境税 ………………………………… 107

Ⅴ章　世界のリサイクル制度 ……………………………… 109
 1．資源の再生利用 …………………………………………… 111
　　（1）各国のリサイクル制度の比較 ……………………… 111
　　　①共通点は排出者負担 …………………………………… 112
　　　②相違点は多様 …………………………………………… 112
　　　③政策フレームの検討に向けて ………………………… 113
　　（2）リサイクル資源の国際流動 ………………………… 114
　　　①使用済耐久消費財の再使用 …………………………… 114
　　　②カスケード型資源利用 ………………………………… 114
　　　③所得と雇用と自尊心の問題 …………………………… 115
　　　④廃棄物処理費用の回避と不適正処理 ………………… 115
　　　⑤リサイクル資源の国際流動の今後 …………………… 115
 2．EUの制度 ………………………………………………… 116
　　（1）欧州連合（EU）の取り組み ……………………… 116
　　　①環境政策におけるEUの位置 ………………………… 116
　　　②包装及び包装廃棄物に関する指令 …………………… 117
　　（2）柔軟なフランスのシステム ………………………… 118
　　　①フランスにおける廃棄物処理 ………………………… 118

②企業に対策の義務を課す ……………………………………………… 119
　　③共同処理システム―エコ・アンバラージュ ………………………… 120
　　④柔軟なシステム ………………………………………………………… 123
　（3）国民の意識が高いドイツ ……………………………………………… 125
　　①ドイツの包装廃棄物政策 ……………………………………………… 125
　　②DSD社の設立 ………………………………………………………… 126
　　③DSD社と自治体の関係 ……………………………………………… 128
　　④DSD社、ギャランター、リサイクル業者の関係 ………………… 129
　　⑤DKR社（Deutsche Gesellschaft fuer Kunststoff Recycling：ドイツ・プラスチック・リサイクル社） … 130
　　⑥DSDシステムの是正 ………………………………………………… 131
　　⑦DSD社のシステムへの自治体の評価 ……………………………… 131
3．台湾の制度 …………………………………………………………………… 134
　（1）台湾のリサイクル制度 ………………………………………………… 134
　（2）「資源回収管理基金管理委員会」制度 ……………………………… 134
　　①一体となったリサイクル団体 ………………………………………… 134
　　②制度の概要 ……………………………………………………………… 135
　　③資金の流れ ……………………………………………………………… 139
　（3）資源回収管理基金 ……………………………………………………… 143
　　①管理委員会 ……………………………………………………………… 143
　　②収入：費率 ……………………………………………………………… 143
　　③支出：補助、事務費、他 ……………………………………………… 144
　（4）費率審議委員会 ………………………………………………………… 145
　　①費率審議委員会委員の選任 …………………………………………… 145
　　②費率の計算方法 ………………………………………………………… 145
　　③運営 ……………………………………………………………………… 146
　（5）公正稽核（検査）認証団体 …………………………………………… 147
　　①公正稽核（検査）認証団体 …………………………………………… 147
　　②検査方法 ………………………………………………………………… 148
　　③マニフェスト …………………………………………………………… 148
　（6）回収商 …………………………………………………………………… 149
　（7）収支：資金余剰 ………………………………………………………… 152
　（8）車輌リサイクル制度の沿革 …………………………………………… 154
　　①廃車（バイクを含む）リサイクル制度の3段階 …………………… 154
　　②車輌公会の基金 ………………………………………………………… 154
　　③費率について …………………………………………………………… 155

④基金管理委員会制度 ……………………………………………… 155
　　　⑤リサイクルの現場の声 ……………………………………………… 156
　　（9）効果 …………………………………………………………………… 156
　　　①不正防止と行政費用の抑制 ………………………………………… 156
　　　②本制度の効果 ………………………………………………………… 157
　　　③本制度の欠点 ………………………………………………………… 161
　4．日本のリサイクル制度 …………………………………………………… 162
　　（1）日本の状況 …………………………………………………………… 162
　　（2）容器包装リサイクル法 ……………………………………………… 163
　　　①容器包装に係る分別収集及び再商品化の促進等に関する法律成立の経過 … 163
　　　②制度の概要 …………………………………………………………… 164
　　　③指定法人 ……………………………………………………………… 166
　　　④運営・効果等 ………………………………………………………… 166
　　（3）家電リサイクル法 …………………………………………………… 167
　　　①特定家庭用機器再商品化法 ………………………………………… 167
　　　②家電リサイクル・システムの概要 ………………………………… 168
　　　③廃家電の処理 ………………………………………………………… 170
　　（4）自動車のリサイクル ………………………………………………… 172
　　　①リサイクル率向上の方途 …………………………………………… 172
　　　②自動車リサイクルへのトップメーカーの取組 …………………… 173
　　　③リサイクル関連事業者 ……………………………………………… 173
　　　④路上放置自動車処理協力会 ………………………………………… 174

Ⅵ章　産業廃棄物の処理 ………………………………………………………… 175
　1．産業廃棄物 ………………………………………………………………… 177
　　（1）産業廃棄物の状況 …………………………………………………… 177
　　（2）産業廃棄物処分場の立地難 ………………………………………… 178
　　（3）産廃処分場への公共関与 …………………………………………… 181
　2．産業廃棄物処分場の適正運営 …………………………………………… 183
　　（1）立地の外部費用 ……………………………………………………… 183
　　（2）損害賠償請求の取引費用 …………………………………………… 184
　　（3）産廃処分場の立地費用 ……………………………………………… 186
　　（4）産廃処分場立地の費用構成要素 …………………………………… 187
　3．産業廃棄物課税 …………………………………………………………… 190
　　（1）地方分権と課税効率 ………………………………………………… 190

（2）地域（県）単位での産廃課税 ………………………………… 191
　　（3）産廃税の広域課税 ……………………………………………… 192

むすびとして ………………………………………………………… 194
著者略歴 ……………………………………………………………… 197

第1章 環境と経済

1. 地域環境税の提案

　本章は、地方公共団体（自治体）が係わる、地域的環境に関する経済的負担について本書の全体構成を明らかにする。地域環境問題については、廃棄物を念頭において論じることとする。現在最も広くかつ重要な問題となっているのが、廃棄物問題だからである。「はじめに」でも述べたように、筆者は、地域の環境に負荷を与える行為に課される経済的負担の総体を「地域環境税」として捉えたいと考えている。

地域環境税は経済的負担全体の呼び名

　地域環境税は、環境負荷抑制効果を持ち環境対策費用を賄うように設計された経済的負担全体の呼び名として提案している。この税は、環境対策費用を基準に負担率（税率）を計算することを想定している。典型的な環境税とされるピグー税やボーモル・オーツ税は、適正な税率設定が事実上不可能である（Ⅱ章参照）。地域環境税は、自治体が係わる地域環境問題への課税であるから、かなり小規模の市町村でも自力で税率計算ができなければ、意味のある提案とはならないからである。

■料金■

　地域環境税には、複数の形態があり得る。最も市場機能に則した形が、料金（価格）である。ごみ処理のように、通常の生活をする上で不可欠なサービスで、そのサービスを供給する事業体が一つしかない場合、その料金は強制的負担となる。ごみ処理料金も、水道料金や下水道料金のように、公共料金の仲間になると表現すれば分かり易いだろうか。

■租税■

　最も市場機能から遠い形が租税である。1990年代の半ばまでは、一般廃棄物処理は無料で行う自治体が多かった。つまり、ごみの処理費用は税金で賄われていたのである。税金の中でも、法人税や所得税（事業税や住民税所得割）のように、税を支払う力（担税力）に従って負担する税が、最も税金らしい税金とされる。払った税金に対して特段の見返りがないことが、典型的な租税の特徴とされるからである。

I章　環境と経済

> **法定外目的税**
>
> 税金は、普通税と目的税に大きく分けられる。目的税とは、用途が定められている税である。法定外普通税は従来から認められていた。法定外目的税は、2000年4月に施行された地方分権一括法で新たに認められた。既に導入例も出ている。

地域環境税は、基本的には目的税である。また、環境に負荷を与える程度によって課税されることとなるので、負担と受益（原因）の間に強い関係がある。この税は、担税力によって課される応能原則の租税とは異なる原則によって課税されることとなる。応益原則である。政府（自治体）から受ける利益に応じて税を収めるという原則が、課税の根拠となる。

法改正により、自治体は法定外目的税も賦課できるようになり、新税を課す手続きも全体に簡素化された形になっている。この税を中心に、自治体が課す環境政策に係わる税は、地方環境税と呼ばれる。「地方」公共団体が課税主体であることから、この名前が出てきたのであろう。地方環境税は、法的な関係が基本条件である。地域環境税は、その経済的機能が判定基準である。地方環境税の中で、環境負荷抑制効果を持ち環境対策費用を賄うように設計された税は、地域環境税である。

■**手数料**■

料金と税金の中間が手数料である。ごみ処理は独立採算が可能であれば、料金化も可能である。しかし、費用を償うには全く足りないながらも、提供するサービスに対して課す金銭負担は、手数料の形を取る。料金、租税、手数料以外にも、負担金、分担金等の負担があり得るが、通常の利用者負担の方法としては、この3種を考えておけばよいであろう。

地域環境税は、先に述べた定義により、環境に負荷を与えた者（原因者）か、環境対策から利益を得た者（受益者）によって負担される。

■**公平な負担**■

一般廃棄物処理の有料制（III章参照）を考えると分かるように、負担者をこのように定めることは、単一の自治体内において、費用を公平に分担させることとなる。つまり、ごみを沢山出した者が多く負担し、ごみの減量に努力した者は少なく負担することとなる。ごみの排出者が、出したごみの量に応じて負担するということで、原因者負担原則に叶うものである。ごみ処理費用全てを税金（一般会計）で負担すると、どれだけごみを出しても個人の負担は変わら

ないので、有料制の方が公平である。

同じ条件により、地域（行政区画）を越えて、ごみの排出と処理が行われる場合も、課税の前よりも公平さが増すこととなる。A県で出てきた産業廃棄物（産廃）が、B県で焼却等中間処理され埋立処分されることはよくあることである。この場合、焼却施設や埋立処分場の周辺住民は、思わぬ被害を受けることがある。

比較的よく話題になるのは、焼却炉の煙等から基準値以上のダイオキシンが検出されることである。埋立地からの汚水の漏出も同様である。汚水が漏れ出した場合、周辺環境を汚染するばかりでなく、水源地近くに埋め立て処分場があると、極めて広範囲の住民が、そこから悪影響を受けるという不安を持つことがある。

■環境被害への負担■

こういった被害への対応は、その処理を請け負った産廃業者が行うべきである。しかし、業者にその資力がなかったり、その意思がなかったりする場合も多い。賠償等を行う意思が無い場合は訴訟を行う必要がある。訴訟を行うこととした場合、判決がでるまで長い時間がかかることも少なくない。勝訴しても、原状復帰等の措置が被告によって確実に実行される保証もない。判決がでる前でも、周辺住民の救済措置が必要となることも多い。

その場合、これらの被害にはB県の自治体が対応することとなる。そのような事故を想定しなくても、一定の周辺整備が必要になることは多いであろう。その費用は、当面は当該自治体の負担となる。これは不公平であるので、B県の外に立地する排出事業者に応分の負担を求めることは当然のことと言える（Ⅵ章参照）。

2. 地域環境と自治体

■分権の進展■

原因者と受益者に負担される地域環境税は、地方行財政の課題に対応する手段（の一部）にもなる。

現在の地方行財政に予想される大きな変化は、地方分権の進展である。戦後、地方分権は何度も正式に議論されたが、結局中央政府側のリップ・サービス以上のものにはならなかった。現在行われている地方制度改革も、実効性は乏しいものに終わる可能性はある。一定の権限移譲や地方行政事務の整理等は多少の合理化にはなるも

> **法定外税**
>
> 地方税の内、地方税法に名前があるものを法定税という。法定税については、課税の対象や税率等の規定がある。法定外税は、各自治体が独自に設定して課税するものである。総務大臣の同意を得れば、新設ないし変更ができる。

のと思われる。しかし、有効な財源措置が取られていないので、改革の中身だけみている場合、鳴り物入りの制度改革も画餅に帰す可能性は小さくない。

制度改革から見るとそうであっても、日本の経済・社会の状況は、地方分権を必然としていると思われる。経済社会のグローバル化は日本社会全体を巻き込んで進展している。その中では、国(中央政府)といえども一つの経済主体に過ぎない。評価の適否は別として、日本国債の格付け問題を考えても、国の絶対性は失われつつあることが分かる。

国がそうなら、地方(自治体)の状況はもっと厳しい。自治体は否応なく自己責任による決断を迫られる機会が増えるであろう。国も、地方をかばう余裕を失っている分、干渉の可能性は小さくなる。これは地方分権が達成された形である。ロマンや理想としての地方分権とは大分違うが、結果として地方分権は進展する。

地方分権の進展は、地方公共団体に対して従来よりも高度の独立性を要請する。これは、個々の行政の独立性を高めることで部分的には達成できる。

■効率性が判定材料に■

地方分権の進展は、同時に、地方行財政の効率性の向上を要請とする。効率性の向上を阻害する干渉が減少すると共に、効率性向上の可否が自治体経営に直接影響するようになるからである。

効率性の向上は、単に行政サービスの費用を下げることのみを意味しない。費用に対して効果が大きければ、敢えて、新しい行政サービスを提供することも含むのである。

行政サービス全体での効率性判定が、行政評価ないし政策評価の形で進められている。全体的評価が政策決定の道具となるにはまだ時間がかかるとすれば、個々の行政毎に評価を行うこととなる。

例えば、一般廃棄物処理がそうである。有料制導入を軸にした運営の独立性向上が一つの方向であり、これにより、事業の効率性や有効性の判定は容易になることが期待される。

現在、有料制を採用している地方公共団体でさえ、料金によるカバー率は20％程度の場合が多い(Ⅳ章参照)。地方公営企業(の原則)と同等に、これを独立採算的に運営できるのであれば、中央政

府からの財政的干渉の余地は狭まる可能性が高い。同時に、一般廃棄物処理を独立採算的に運営することは、地方行政に市場的機能を導入したことになる。

■**環境問題の主役は自治体**■

一般廃棄物処理のような地域環境問題に対処する主役は自治体である。廃棄物対策を中心に、環境問題は自治体の業務の中で重要性を増しつつある。問題があるという認識と対応の方法については、ほぼ方向性が定まったと考えられる。しかし、具体的対応特に財源問題はこれから解決すべき部分が大きい。そして、産業廃棄物のように、自治体の区域を越える問題については、解決すべき問題も多いのである。

3. 地域の環境問題

環境問題は、問題の性質と、問題の場の広さによって分類することができる（図表Ⅰ−1参照）。問題の性質によるものとしては、①有害物（音等を含む）が自然環境・生活環境に直接的被害を与えるもの（公害型）と、②通常の行為がその量の巨大さにより、環境に負荷を与え環境を損なうもの（「環境」型）に分けることができる。問題が生じる場の広さ（問題発生の空間規模）によるものとしては、①地球規模の問題と、②地域的問題とに分類できる。

図表Ⅰ−1．環境問題の性質と空間規模

	公　害　型		「環境」型	
	適当な対策	問題の種類	適当な対策	問題の種類
地球規模	規制	酸性雨 オゾン・ホール	経済的手段	地球温暖化問題
地域的問題	規制	大気汚染、騒音、土壌汚染、悪臭、地盤沈下、他	経済的手段（規制、監視の併用が必要）	廃棄物 大気の質 水質低下

この他、生態系の維持、生物種の保存の問題が環境分野の課題として取り上げられる。これらは、開発抑制の理由として挙げられる

ことが多く、規制による対処が可能である。生態系、生物種の問題は、それ自身独立の問題であるが、対処方法としては、地理的影響範囲が狭い公害問題と類似した手段が適用しえるであろう。特定種の生物学的価値の判定が判断基準になり得るであろう。

■公害問題■

直接的有害性がある環境問題（公害型）で、地域的問題であったのは、有機水銀中毒を典型とするかつての公害問題である。これらは直接的な健康被害等を地域の住民に与えた。

日本における公害問題の多くは、問題の存在が認識された後は、政府規制によって効果的に対処された。企業自身が積極的・自発的に努力した例も随所に見られた。経済的手段よりも、自己規制も含めた規制的手段が有効な問題領域である。

地球規模の公害型問題として酸性雨とオゾンホールが挙げられる。これらも、規制的手段の方が有効と考えられる。

通常の生活・生産活動がその規模により、環境被害を与える問題（「環境」型）は、地球温暖化ガスの排出と、廃棄物処理が典型であろう。大気（空気中の浮遊物質）や飲用水の質の問題も、この範疇に入れることができる。この問題には、森林や農地が果たす役割が大きい[1]。

問題の場が広い地球規模の環境問題の代表例は、オゾン・ホールと温暖化である。酸性雨は、国境を大きく越える被害をもたらすが、両者と比べれば地理的影響範囲はやや狭いと思われる。オゾン・ホール問題は解決したとまでは言えないが、問題の存在は認識され、対応策が実施されている段階である。地球規模の「環境」型問題である温暖化問題は、その存在の認識には合意があるが、解決方法の実施についての合意がなされたとは言えない状況にある。

■地域性が強い廃棄物問題■

「環境」型の問題で、その場が比較的狭いのは廃棄物問題である。廃棄物処理は排出地域内での処理が原則とされ、域外搬出は一応例外扱いである。

産業廃棄物まで含めればむしろ域外処理が一般的に行われている。リサイクルについても同様であり、国際的なリサイクル資源流動も、規制はあるが、広範に行われている。筆者は、廃棄物について域内処理を原則とすることには反対である。リサイクルを中心とする廃棄物処理を広域・グローバルに行うことが、静脈産業の発展

に寄与すると考えているからである。

しかし、これを実現するにはバーゼル条約等多くのハードルがある。これらのハードルを正規の手段がクリアするには、リサイクル資源に関する適切・安価な管理手法の開発が必要である。

4. 環境問題の地域性

地域環境税の場合の地域とは、主として行政区画としての自治体の領域を考えている。

同級の近隣自治体間には同じような問題が生じることが多いと思われる。しかし全く同一の問題ではない。各々の地域特性に従って、質的そして内容的に差異が生じ、問題への対応方法にも差異が生じる。その差異は積極的に承認されるべきものである。同時に、地域間の関係が生じ、相互調整が必然になる。

問題の種類によって、地域的な広がり方や関係が異なる。地域内で処理する問題、国内の近隣地域間で対象物の移動が生じる問題、国家間での移動が生じる場合とがあり得る（図表Ⅰ－2参照）。

検討の対象としている廃棄物問題の単位となる地域は、日本においては、市町村、一部事務組合、都道府県である。これらが、廃棄物の種類によっても異なるが、廃棄物処理に対応する単位だからである。

国内の地域間を移動する廃棄物は、産業廃棄物とリサイクル資源である。これらは、市町村や都道府県の範囲内で排出・処分を完結させることは困難だからである。産業廃棄物は、多量に排出されることもあり、事業所が多い地域で処理することは困難である。

リサイクルは、付加価値が比較的低いことから（再）生産の費用低減が厳しく求められる。収集、蓄積、分別、再生工程における規模の経済性が必要である。この二つについては、処理すべき場所の条件があり、排出地域からの搬出が必要となることが多い。

■産業廃棄物へのシステム■

特に産業廃棄物（産廃）については、その処理には負の外部性が発生するものと考えられる。いわば迷惑料として、産廃については、三重県を筆頭に、その処理（埋め立て処分を含む）への課税が広く導入されつつある。また、立地場所の住民に対するその負の外部性を償うシステムが必要と考えられる。産廃処分は民間事業なので、

図表Ⅰ－2．地域環境問題の範囲と負担のあり方

（図表Ⅰ－1の、①「環境」型と、②地域的問題、のクロスセクションが対象）

影響範囲	地域環境問題（例）	負 担 の あ り 方
地　域　内	・一般廃棄物の収集処理、処分	・地域内に問題が終始し、環境負荷の原因者の特定が比較的容易な場合は、価格（料金）による負担が可能。目的税でも同じ効果が得られる。
近隣地域間：国内中心	・産業廃棄物の地域間移動 ・リサイクル ・水資源 ・大気（良質な）	・地域内に問題が終始せず、他地域に環境負荷が移転される。原因者の特定が容易な場合は価格（料金）による負担も可能。しかし、民間の個別経済主体への賦課が困難な場合には、租税（目的税）による負担が適当と考えられる。
遠隔地域間：含む外国	・国家間のリサイクル資源の移動	・国家間のリサイクル資源の移動は、市場ベースで行われる。ここに、重大な負の外部性が生じる場合、政府による対応が必要となる。当面は、規制であり、バーゼル条約がその例となる。 ・国家間移転を奨励する場合には、補助金を与えて適正処理を促進する（租税、国際援助）。

このような負担を料金で課すことは困難である。それゆえ、賦課手段としては租税が適当となる。また、産廃は異なる地域間（行政府の領域）を移動することとなるので、地域間の関係が生じ、その調整が必要となる。

■**全国システムがふさわしいリサイクル**■

リサイクルは対象物資の移動性が高いので、全国システムが必要である。また、廃棄された製品類の収集・処理に関する費用の調達が必要である。これについては、日本のシステムよりも、台湾のやり方の方が資金調達については有効と思われる。

各種製品類の再使用も踏まえると、廃棄されたもの（リサイクル資源）の国家間移動の促進が資源の有効利用に資すると思われる。再生利用についても、人件費の差から、発展途上国において再生工程を行うことが効率的である。しかし、途上国の技術・経済的限界、負財である廃棄物の非排除性から、不法投棄を含む不適正処理が行われる可能性も高い。負担可能な費用が利用できる監視体制や適正処理を行うための資金移転の検討が必要である。

5. 租税としての環境税

租税とは「地方と中央とを問わず、政府がその一般経費を支弁するために、自然人たると法人たるとを問わず、その構成員（国民ないし住民）から、直接の対価無く徴収する金銭（あるいは他の財）である。」[2]と言えよう。

これを要素に分けると、①強制性、②無対価性の二つということになる。

無対価性は、税負担（納税）に対して直接的な見返りが無いということである。これは一般報償性と呼ばれる。その対語ないし反対語が個別報償性であり、負担と受益の間に関連があることを指す。

課税の根拠は、大きく能力説と利益説がある。

能力説を根拠とする課税においては、担税力が納税額決定の理由となる。それゆえ、能力説による課税では、歳出が先にきまり、歳出額を担税力に基づいて納税者に配分することとなる。

租税抵抗の問題や経済活動に対する配慮から、この通りに実行できることはむしろ少ないとしても、これが現時点での税に関する基本的理解であろう。ここでは、租税に個別報償性を認めることはできない。個別報償性の下では、多額納税者が他者に比して税負担が大きいことへの説得力が乏しいからである。

利益説を根拠とする課税においては、当該政府の下にある社会の構成員が受ける利益に従って、租税を負担することとなる。

> **公共財**
>
> 財の中には、他人の消費を拒めず（非排除性）消費する人が増えても互いに邪魔にならない（非競合性）のものもあり、公共財と呼ぶ。国防や治安が典型的であり、社会生活に不可欠であるが、民間では適正な供給が難しいので政府が供給する。

その場合、政府から供給される財が公共財であることにより、幾つかの問題が生じる。

第1が、公共財の非排除性により、受益および受益者の特定が困難であることである。

第2に、非競合性により、受益の量が測定できないことである。

第3の問題として、担税力による課税の下では期待できる所得再分配機能が、受益に基づいた課税の下では期待できない。

応能原則（担税力）に基づいた課税が、応益原則（受益の程度）に基づいた課税に優るというこれらの論点は、税財政制度全体としては依然有効であろ

> **準公共財**
>
> 非排除性と非競合性を持つ財が公共財だがこれらが完全な財は少ない。どこかが不完全な財が多く、そういう財を準公共財と呼ぶ。料金を払わない者の入場拒否が可能な美術館や、混雑すると互いに邪魔となる道路等が準公共財の例となる。

う。

しかし、地方公共団体によって供給される公的供給財の多くは、準公共財ないし地域公共財であり、受益に基づいた課税の方が望ましい局面が比較的多く生じるものと思われる。

■**受益と負担の関係がわかりやすい課税**■

受益に基づく課税であれば、対象となる行政事務毎の支出に対応する収入を得る途を講じ得ることになる。その方が負担と受益の関係が分かり易くなる。

勿論、収入と支出の正確な一致が難しいことから来る欠点がある。収入が不足すれば、十分な措置が行われない可能性がある。

反対に、収入に余剰があれば、不効率な支出が行われる可能性がある。現在種々議論されている道路財源では後者の問題が起こっているとされているのである。それ以外にも、提供される行政サービス（施設）の外部性が大きい場合、適切な負担率（税率）が決めにくいこともあり得る。

種々問題はあり得るが、21世紀初頭の政府部門の状況を前提とすれば、このような欠点は現時点では潜在的なものである。

当面の公共サービス供給の効率性を向上させるため、応益原則の適用対象を拡大すべきと考える。すなわち、受益者（利用者）負担とそれに対応する行政事務の比率を伸長させるべきと思われる。

6. 費用と便益の地域的配分手段

地域環境税が地域を対象にすることにより、国税を念頭においた環境税一般よりも、地方公共団体が供給する行政サービスとの関わりが深くなる。

地域環境税賦課の前提として、行政サービスの供給費用の測定がある。また、課税対象となる行為の環境負荷の度合いを測定することも視野に入ってくる。

これは、環境負荷を与える行為への課税と、環境保全の便益への対価の収受に道を拓くこととなる。また、これらは、スピル・オーバー効果が大きいので、他地域との関係を視野に入れる必要が生じる。

■受益者負担導入が可能な一般廃棄物処理■

影響範囲が狭い方から考える。

地域内で終始する環境保全サービスの典型は、一般廃棄物処理である。一般廃棄物は、地域内で排出、収集、焼却、リサイクル、埋め立て処分がなされる。地域外へ搬出されるものもあるが、地域内処理が原則となっている。

一定の費用が必要となるにしても、排出者の特定や排出量の計測も不可能ではない[3]。

それゆえ、一般廃棄物処理に必要な費用を、行政手数料の形で（一部にせよ）回収を試みる都市が増えている。一般廃棄物処理の場合は、かなり直接的な受益者（利用者）負担制度の導入が可能である。それが行政の効率化に資するものと思われる。

他地域との関係が生じるものもある。典型的な例は、産業廃棄物である。産業廃棄物の埋め立て処分場は、特定の地域（県）に多く集まっている。産業廃棄物搬出地域との地理的・交通経路的条件、搬入地域の地形や地価の関係により、自ずと適地が定まるからである。

産業廃棄物処分場は、当該処分場の周辺に住む住民にとって、迷惑以外の何者でもない。彼らは、産業廃棄物の排出に直接関係がなく、基本的には処分場から恩恵を被ることもないからである。また、処分場が水源地に近いところに立地した場合は、かなり広範囲に悪影響を与える可能性が高い。産業廃棄物処分場を多く有する地域で、これの搬入に対する法定外目的税を課税しようとする動きがあるのは、こういった事情に由来する。

■環境負荷への課税■

このような税の場合、他地域から与えられる環境負荷に対して、原因者に負担を求めることとなる。産業廃棄物の域内（県内）搬入や、域内処分に課税することとなる。この場合、地域外に立地する排出者に直接負担を求めるのは難しいので、産業廃棄物の事業者が納税義務者となるであろう。税の転嫁により、排出者が負担することとなる。地域間課税が行われるわけである。

地域間課税は水と空気のような他の領域でも適用できる。これは、森林が持つ環境保全機能に大きく係わる。

水について、水源地が与える各種の効用（外部性）について、下流の水利用地域は十分な対価を払っていたとは言えない。行政への

市場機能の導入を考える場合、水源涵養の利便性が外部化されている状態への対策が必要である。

水源地を含む地方公共団体（県単位であろう）が、水利用地に対して、水源地の利便性に対して負担を求めることとなる。

具体的には、水道料金の原価に水源地の利便性評価部分が入り、相応の収入部分が水源地の地方公共団体の財政収入になることになる。支払い額を、利便性で決めるか、水源地涵養費用で決めるか、その評価をどうするかはかなり議論を呼ぶ問題となる。

空気はより広範囲となる。温暖化ガス対策を考えると、税の賦課は炭素税となる。これを、二酸化炭素吸着量に応じて、対象となる森林等が存在する地方公共団体に配分することが考えられる。一定地域の植生の成長度合いから二酸化炭素吸着量を測定することは可能である。

自然環境は、単に人間が干渉しなければ良好に保たれるものではない。現在の日本においては、全く原生のままの自然は稀である。日本における自然はいわゆる二次自然であり、人間の手が入ることにより、人間にとって良好な環境を形成し維持している側面が強い。それゆえ、江戸時代は、日本の森林は荒れているところが多かったという[4]。

中山間地と呼ばれる国土の70％にも及ぶ地域は、水質保全や大気浄化等の形で、特に都市部に環境上の便益を提供している。このような便益は外部化されているので、産業構造が変化する中、環境保全資金の移転の円滑性・効率性が損なわれている。

地域環境税は、これを維持しえる社会・経済システムの構築に資するものと考えている。

法定外普通税

税金とは、使途が限られない普通税が本来の税金で、目的税や政策目的を持つ税（環境税等）は本来の租税とは異なるものと言われる。法定外普通税は、地方税として従来からあったが、地方分権一括法によって、導入手続きが簡便化された。

注記
1) 森林や農地は環境保持の側面において多様な機能を持つ。これについては、太田猛彦（2002）「水源地域としての中山間地」田渕俊雄・塩見正衛、編著（2002）『中山間地と多面的機能』農林統計協会2002年1月、pp.6-29参照のこと
2) 矢野浩一郎（2000）『地方税財政制度』第六次改定版、学陽書房p.49を参照しつつ、修正の上和田がまとめた。
3) 日本の状況では、ごみ袋に排出者の名前を書くことによって排出者を特定し、ごみ（指定）袋の枚数を以て、排出量としている。
4) 注1と同じ、pp.14-15

第2章

地域環境税

1. 環境税

(1) 環境税の3つの種類

　　環境税と呼べる税は3つの種類に分けることができる。各々かなり性格が異なる。

■行為抑制のための課税■

　　第1は、環境に負荷をかける行為に課税し、その行為を抑制しようというものである。理論的にはピグー税と呼ばれる租税が環境税の祖型である。その実務的改良型としてのボーモル・オーツ税も提案されている。典型的環境税の一つが、燃やした時に出る二酸化炭素の量に比例して課税しようという炭素税である。

　　この種の税は、課税対象となる行為を抑制しようという政策目的を持つ。この政策目的と、税収を得るという目的は矛盾することになる。このため、租税の本来の目的は収入を得ること（国庫目標）であるとすると、環境税は正統的租税ではないとの議論も可能である。

■環境保全資金のための目的税■

　　第2は、環境保全等のための費用を調達することを目的として課税するものである。河口湖畔の3町村が課す遊漁税はこれに属す。この種の税は、課税対象と資金調達目的とは必ずしも一致しない。法定外目的税においては、両者が全く関係の無いものは少ない。しかし、直接の関係がなくても、環境保全目的の事業を行う資金を調達する目的を掲げて特定の課税を行うのであれば、環境税と呼ぶことはできる。

■環境負荷行為への課税■

　　第3は、両方の性質を有する税である。環境に負荷をかける行為に負担を課し、その収入を当該行為に係わる事業の費用に充てるものである。一般廃棄物処理の有料制はこれに当たる。現状ではこの負担は手数料に分類される。事業を独立させ、その事業をこの負担で賄えば、負担と使用目的は完全に結び付く。政策目的と国庫目的の両立を目指す税である。一般廃棄物処理に必要な資金を全てこの負担で賄う場合、これは通常の租税とは見なされず、料金と呼ばれることが適当である。産業廃棄物に係わる負担は、税の形を取るこ

とが適当である。

第3のものの内、地域環境に係わる行為や事業を対象とするものが、地域環境税である。前にも述べたように、地域環境税には租税のみならず、手数料や料金も含まれる。

（2）地域的な負財としての廃棄物

一般廃棄物処理を例に挙げたように、地域環境税の重要な領域は廃棄物処理である。廃棄物は適正な処理が行われないと、人々を不快にしたり健康に被害を及ぼしたりする。通常の商品・サービス（goods：財）は、それを消費する者に何らかの満足（効用）を与える。廃棄物のようなものは、人にマイナスの効用を与えるので、善きものgoodsではなく悪しきものbadsと呼ばれる。badsを日本語にしたのが負財である。マイナスの満足を与えるモノ（サービス）と言う意味がある。

廃棄物のマイナス（負）の効用は排出者以外にも及ぶが、その範囲や程度は比較的限定されている。それゆえ廃棄物は、どこの誰にでも同一の（負）満足を与える公共（負）財ではなく、地域的な準公共（負）財の性質を有するものと考えられる。

負財はマイナスの価値を持つので、それを不法に放棄することにより経済的利益を獲得することが可能である。何かを捨てるのは簡単である。それを阻止するのには一定の努力や費用を必要とする。

■お金のかかる不法投棄防止■

政府や自治体が供給しないと適切な供給ができない財を公共財と呼ぶ。公共財である公園や一般道路等は、費用を払わない人にそれを使わせないこと（消費からの排除）が難しいと言う性質を持っている。この性質を非排除性と言う。消費からの排除は全く不可能という公共財はむしろ少なく、一定の費用をかければ、対価を払わない人を公園や道路の使用から排除することも不可能ではない。この費用のことを排除費用と言う。

同じように、負財の不法・不適当な放棄を防ぐためには費用がかかる。そのような費用も排除費用と呼ぶことができる。そのような性質があるので、廃棄物はその処理を全く市場に委ねた場合、適正な処

> **租税**
>
> 一般的には、財政収入を得るために、直接的対価を与えることなく、強制的に政府が徴収する金銭を指す。産業政策や環境保護等、様々な政策を推進する手段としても有効である。それで、財源獲得目標と政策目標が対立することも多い。

理を確保することは困難である。日本におけるこの産業の構造からも、市場機能の発揮は困難とされる。自治体等政府部門の関与が必要となるのである。

(3) 廃棄物とは

　このような廃棄物について、廃棄物処理法は、「汚物又は不要物であって、固形状または液状のもの」と定義している。放射性廃棄物も廃棄物ではあるが、その適正な処理が難しいことから、法的にも別に扱われ、通常の廃棄物の論議には入らないことが多い。
　放射性廃棄物を除いた廃棄物を、それを排出した源によって分けると、事業系と生活系に分けられる。何らかの事業活動を行うに際して生じた廃棄物と、地域住民が生活する際に排出する廃棄物である。物的な処理担当者別に分けると、地方公共団体（市町村等）が処理する一般廃棄物と、廃棄物を出した者（排出者）が処理に責任を持つ産業廃棄物に分けられる。又、各々のなかでも「爆発性、毒性、感染性その他、人の健康又は生活環境に係る被害を生じるおそれある」廃棄物は、特別管理廃棄物とされる（図表Ⅱ－1参照）。

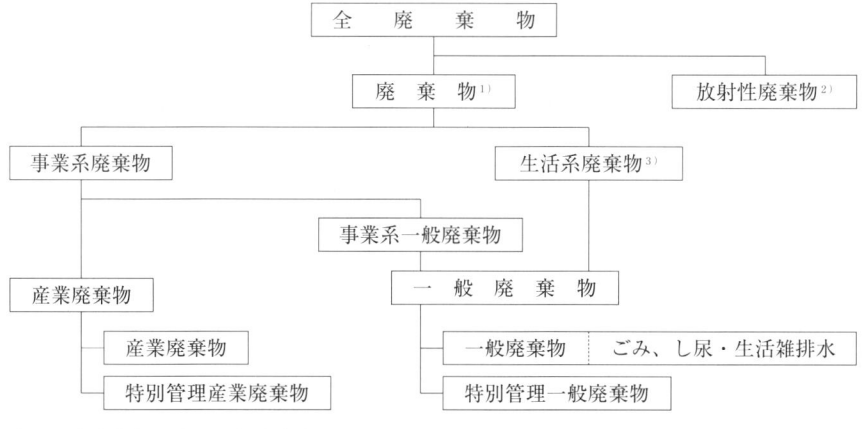

図表Ⅱ－1．日本の廃棄物の分類

```
                    全　廃　棄　物
                    ／          ＼
              廃棄物1)         放射性廃棄物2)
              ／    ＼
      事業系廃棄物    生活系廃棄物3)
       ／              ／
      ／       事業系一般廃棄物
     ／              ／
     ／      一　般　廃　棄　物
  産業廃棄物          ／
   ／    ＼      一般廃棄物 ─ ごみ、し尿・生活雑排水
産業廃棄物           ＼
特別管理産業廃棄物   特別管理一般廃棄物
```

注1．廃棄物処理法にいう廃棄物
注2．廃棄物処理法（第2条1）では、「放射性物質およびこれによって汚染された物を除く」として、廃棄物が定義されている。
注3．本文中では、家庭系一般廃棄物と呼んでいる。

出所：田中勝（1996）『廃棄物学入門』中央法規1996年、72頁より（一部修正）

一般廃棄物の中にも事業系の廃棄物が入っている。東京都が自分が処理する一般廃棄物の内容調査を行ったところ、半分程が事業系廃棄物であったという。大都市部なので他の地域よりも多いかもしれない。企業が排出した廃棄物であっても、(事業系) 一般廃棄物として処理されるものは、地方公共団体 (市町村等) が処理することとなる。

■処理費用の確保■

　廃棄物の排出量増大と廃棄物最終 (埋め立て) 処分場の立地困難により、廃棄物排出量削減の必要が広く感じられるようになった。景気の低迷により、廃棄物量の増大にはブレーキがかかったが、大幅に減少している訳ではない。廃棄物の焼却処理の環境基準が厳しくなったことも、廃棄物処理費用を増大させている。

　廃棄物処理費用の増嵩および地方財政の逼迫により、廃棄物処理に係わる財源確保が重要な問題となった。このような状況の中、廃棄物の減量と財源獲得に効果があるとされる一般廃棄物処理の有料化が現実の課題となってくる。特に、従来は無料 (直接的負担は無い) で処理されてきた家庭系 (図表Ⅱ-1では、生活系) 廃棄物が、その対象となった。事実、1990年代の後半以降、家庭系一般廃棄物処理に有料制を導入する都市が顕著に増大している (Ⅳ章参照)。まだ、完全な形ではあり得ないが、筆者が地域環境税と名付けた負担の賦課は、実態面では進展しつつあると言える。

2. 地域環境税の税率算定方法

(1) 経済的手段としての環境税

　地域環境税は、環境政策における経済的手段に位置付けられる。OECDの報告では、既存の環境政策における経済的手段として、道路交通、自動車、燃料、その他エネルギー、プラスチック・バッグ、肥料、家庭や工場の水供給や排水処理サービス、ごみ処理、管理等への課税 (経済負担の賦課) に言及している[1]。燃料関係を除いたその殆どが地域的行為である。日本における家庭系一般廃棄物処理に有料制は、この内「ごみ処理、管理の課徴金」に含まれる。

　市町村およびその一部事務組合が行う一般廃棄物処理に必要な費用は、一般的財政収入 (一般財源) から賄われることが多かった。

自然人たる住民が排出する廃棄物（家庭系一般廃棄物）の処理について、排出者が直接的金銭負担を求められることは少なかったのである。2000年10月時点でも、家庭系一般廃棄物の処理に対して、排出者に金銭的負担を求める都市はまだかなりの少数派ではある。しかし、趨勢的には、有料化の方向に動いていると考えられる。

■**定額方式と従量方式**■

　　　日本の都市における家庭系一般廃棄物処理に関する資金調達方式は、基本的には2つの方法によっている。一つは定額方式であり、一つは従量方式である。

　　　定額方式とは、廃棄物処理費用として、通常、世帯単位で月額を定めて金銭を徴収するものである。これには、1世帯毎に金額を決める場合と、世帯の構成人員を勘案して金額を決める場合とがある。この方式は、一般の租税としての性格が強く、住民税の均等割りに近い方法である。定額方式では、徴収した金銭の使途を定めているに過ぎず、目的税としては、「課税都合税」[2]に近い性質を持つものである。この税は、その負担が廃棄物の排出量と連動せず、財源調達機能はあるが廃棄物の排出抑制効果は持たない。それゆえ、地域環境税とは言い難い。

　　　従量方式とは、家庭系廃棄物の排出量に応じて、経済的負担を課すものである。家庭系廃棄物は排出者が多いので、排出者を特定しつつその排出量の計量を行なうことは、現在利用可能な技術・施設の範囲では、膨大な行政費用が必要となるであろう。そこで、排出者が使用するごみ袋の数をもって、排出された廃棄物量の計測に代えることが一般的である。従量式における経済的負担は、ごみ袋を有料で頒布する形で行なわれるのである。

　　　この方式は、ここで「有料制」と呼んでいるように、公益事業や公営企業（水道等）による料金徴収方式との類似性が高く、料金に近い性質を有している。従量方式は、廃棄物排出量に（一応）応じた、経済的負担が課されるので、廃棄物の排出抑制効果が期待できるものとされる。これは廃棄物に対する地域環境税である。

(2) ピグー税

■**ピグー税とは**■

　　　地域環境税は環境税の一種である。環境税は、自然環境の保全を目的とする分野におけるピグー税と目されることが多い。これは、

イギリスの経済学者A. C. ピグーの名に因んだ命名である。

　ピグーは、市場経済が必ずしも経済効率性を達成できないことについて述べ、その対策について、「私的および社会的純生産物の間の乖離」を国家が縮めることは可能であり、対象となる「領域における投資に『特別奨励』または『特別制限』を加えることによってその領域における乖離を取り除くことができる。これらの奨励および制限がとり得る最も明白な形式は、もちろん、奨励金と課税のそれである。」[3)]と述べた。このことから、ピグー税は、社会に望ましくない影響を有する行為を抑制するための「特別制限」として課される税のことを指す。

　ピグー税は、生産者（企業）のみでなく、消費者も含めた社会全体の満足を最大にする経済効率性を達成するために課されるべき税として定義された。つまり、負の影響を有する行為を全く消滅させるのではなく、社会的に「適正」な水準にまで抑制する手段とされたのである。この税は、本章第1節で示した環境税の第1、行為抑制のための税に当たる。

■税制活用の利点■

　汚染削減などの、社会への好ましくない影響の除去について、排出者（＝汚染者）が負担する方法は、規制と課税の二つの手段がある。また、補助金の利用等も可能である。これについて「規制より税制の活用の方が優れた手段になりえる」[4)]とされ4つの利点が挙げられている。

　第1の利点は、一定の税をかけるだけで良いので個々の企業の状況を知る必要が無いという、情報収集費用上の優位性である。第2の利点は、規制では必要となる個別企業への介入が不要なことである。第3の利点は、課税が、汚染削減への継続的刺激になることである。規制では規制条件を満たしてしまえば、それ以上に汚染源を削減する理由はない。第4の利点は、課税による政府収入の獲得である。

■ピグー税の問題点■

　ピグー税は、環境対策の理想的手段として一般に承認されていると言えるようである。しかしピグー税は、環境税として理想的であっても現実的ではない。その主たる理由は、経済効率性を達成する課税率を知るために必要な情報量が膨大なことである。

　廃棄物問題で言えば、いかなる排出量が経済学的に言う経済効率

性に適うのかという決定は困難である。「ごみゼロ」という標語はあるが、現在の技術水準等を前提にした場合、本当に廃棄物の排出量をゼロにしようとすれば膨大な費用がかかり、経済効率性は達成されない。現在の排出量をそのまま放置するのでも、負の外部性があり経済効率性は達成されない。その中間のどこかが理想的（経済効率性）排出量であろう。望ましい廃棄物の排出量が決まった後、そこまで排出量を下げる税をかけることとなる。

こういった情報を正確に知るのは容易ではない。望ましい（あるいは経済効率性を達成する）排出量の決定は殆ど不可能である。あるいは国レベルで計算すれば一定の答えは出せるかもしれない。しかし、一般廃棄物への課税主体は市町村およびその一部事務組合である。こういった自治体毎に望ましい廃棄物排出量を算定することはほぼ不可能である。

(3) ボーモル・オーツ税

■ピグー税の欠点を解消■

経済効率性を達成する廃棄物の排出量を知るのは困難である。これは、他の負の外部性に係わる問題についても同様である。ピグー税のこの実行上の欠点を克服して、環境税の実現可能性を高めるよう考えられたのが、ボーモル・オーツ税[5]である。

ボーモル・オーツ税は、ある水準の環境対策を最低の社会費用で行おうとするものである。ボーモル・オーツ税では、政府が十分な情報を有すことはできないという、現実的な状況を前提としている。

廃棄物の排出であれば、政府は、先ず達成したい排出削減量を決める。これは経済効率性とは関係なく、削減したい量を決めれば良い。例えば、埋め立て処分場の残量と、新規埋め立て処分場の建設に必要な時間を勘案して、年間廃棄物処分量をどこまで減らしたい、といった基準できめればよいわけである。廃棄物の排出にまず課税する。その結果、排出量はある程度削減される。政府は実現された削減量が目標と一致するまで税率の変更を繰り返す。試行錯誤を繰り返して、適当な税率に到達するわけである。この方法によれば、適切な税率決定に特段の情報はいらないことになる。

■実現困難なボーモル・オーツ税■

この方法も実現可能性は極めて低いことは直ぐに分かる。ボーモル・オーツ税には、各々関連する3つの問題点がある。

第1で、最大の問題は政治的費用である。首長がこの方法を取ると決定しても、議会の同意は得られないし、住民の賛成も得られないであろう。「減らしたい量まで廃棄物の排出量が減るまで、ごみ処分料を動かします。」といった提案が通るはずがない。提案が通らないどころか、こんな無定見な政策を表明する首長の再選は難しいであろう。

税率の頻繁な変更が難しいとすれば、一回で適正な税率に到達しなければならない。これが第2の問題である。試行錯誤を行って目的とする税率を探るのがボーモル・オーツ税である。これを一回で決めなければならないというのでは、情報の問題を解決したことにならない。

第3の問題は、目的が達成できるだけの課税が可能かという問題である。金銭的負担を課せば、課税の対象となる行為がある程度抑制されることは期待できる。炭素税も同様であるが、生活や産業に必須の行為を、短期間に大幅に抑制するだけの課税はかなり高率にならざるを得ない。そのような負担は、それ自身生活や経済活動に余りに大きな悪影響を与える可能性がある。政治的、経済的に受け入れ可能な税率で、目的とするだけの政策効果を挙げるのはかなり困難と思えるのである。

(4) 行政経費を賄う税

ピグー税やボーモル・オーツ税は、その導入に必要な情報量が大きい。日本の市町村や一部事務組合が課す廃棄物排出税は、ピグー税は勿論のこと、ボーモル・オーツ税として導入することは極めて困難である。そこで、より簡便な廃棄物排出税（地域環境税）の設計原理が求められる。

市町村やその一部事務組合にとって、有用な廃棄物排出課税の設計原理は、以下のような条件を満たすことが必要と考えられる。

第1は、その税（料金）率設定は、入手・処理可能な情報によって、その計算ができなければならない。

第2に、廃棄物処理業務にその税が有用でなければならない。具体的には、①廃棄物の排出量抑制効果があること、②廃棄物関連業務に必要な資金を（部分的にでも）調達できること、である。要するに地域環境税の条件を満たすことである。

第3に、当該税の導入に当たって予想される、政治的費用を引き

下げることが可能でなければならない。議員と住民に対する説得材料を用意し得るものである必要がある。

この3つの条件を満たす地域環境税の税率算定方法は原価主義である。ピグー税やボーモル・オーツ税は、税を課すことによる効果から税率を決めようとする。それに対して、原価主義の地域環境税は、租税収入の使途から税率を考えるのである。

■廃棄物への課税の計算式■

一般廃棄物の場合であれば、その処理に必要な資金量を計算する。1年間に必要な処理費用を合計して、同期間中の一般廃棄物処理量で割れば、単位当たりの処理費用が分かる。これを税率とするのである。

例えば栃木県の宇都宮市では、1トン当たりの一般廃棄物処理費用は32千円程度とのことである。日本では、一般廃棄物の処理費用の徴収は、ごみ袋の有料制を通じて行うことが多い（宇都宮市では有料制は採用していない）。平均して一袋当たり6キログラム程の廃棄物を入れるとすると、1トン当たりでは約160枚のごみ袋が必要となる。端数等は無視すると、ごみ袋1袋当たりの処理費用は200円程となる。地域環境税としては、ごみ袋1袋について同額の課税を行うこととなる。実際には、ごみ袋の製造・流通経費に200円足して販売する形になる。ちなみに、ごみ袋の製造・流通経費は一袋10円程度のようである。

原価主義による税率算定も、実施する場合には幾つか問題が残っている。政治的問題、会計学的問題、経済学的問題である。

第1は、現実に賦課可能な税率と、計算上の税率の差異である。先に述べたように、自治体によりかなり差があるとしても、一般廃棄物処理費用はごみ袋1袋当たり200円程である。それに対して、有料制を採用している自治体が実際に徴収している額は、平均して40円弱である。原価の20％に足りないのである。これを、原価まで上げるのは、政治的にかなり困難であることが予想される。

しかし、費用から計算した「あるべき税率」を提示することは無駄ではない。金銭評価すればどれだけのサービスを受けているか、住民に理解し易くなるからである。また、比較的少ない額であっても有料制を導入することは、排出抑制の動機を与える。そして、事業遂行のための資金を幾らか追加することにはなるのである。

第2は、原価計算の適切さである。自治体も原則として、会計方

式は現金主義的な官庁会計の方式を採用している。そこでは、原価は支出を基準に計算される。施設の原価計算等もある程度考慮されているとはいえ、年度間の費用配分については、必ずしも適切とは限らないのである。

費用計算については、バランス・シート作成が多くの自治体で進められていることが好材料である。これは発生主義会計の採用であり、年度間費用配分方法の改善が期待できる。

第3は、原価を賄うまでの負担を課した場合、廃棄物の不法投棄が増える可能性があるのである。

これは第1の問題と関連がある。政治的に導入可能な負担率であれば、極端な不法投棄の原因にはなり難いであろう。高率な負担への反対と、不法投棄は表裏一体である。実際に有料制を採用している自治体は、住民の説得に極めて大きな努力を払っている。地域環境税の採用に当たっては、負担率の決定も併せて、住民の説得が重要となる。

■ **目的税としての徴収** ■

原価主義による課税の利点として、経済効率の達成を考える必要はないことが挙げられる。それを勘案しようとしても、必要な情報は得られないのであるから、始めから検討対象にしないのである。排出削減量の目標値も設定しない（参考値等の設定まで否定するものではない）。人口変動、事業者の増減、他地域からの影響、基準とされる環境汚染値の変動等、予想・操作不能の要因が多いので、合理的目標値の設定も困難と思われるからである。一定の負担をかけた場合の予想削減率の計測を行うことはあり得るが、賦課可能な税率を適用し、その影響を見る事例の方が多いであろう。

原価主義であるから、この税は廃棄物関連業務を行うに必要な資金調達を目的とする。すなわち、廃棄物の収集、中間処理（焼却等）、最終処分（埋め立て処分等）、再生処理等に必要な資金の合計額が調達目的額となる。そして、この税からの収入は、この使途に充当され、原則として、他には転用されないこととなる。すなわち、目的税として徴収されることとなる。

3. 目的税としての地域環境税

(1) 経済的手段の導入

■OECDの環境政策■

OECD

日本語では、経済協力開発機構（Organization for Economic Cooperation and Development）となる。1961年に発足した国際機関で、貿易拡大、先進国の諸問題の検討、途上国援助を目的とする組織。様々な研究報告書等を多数出版している。

環境税や地域環境税は、OECDの言う「経済的手段」[1]の一部である。OECDは、「経済的手段が環境政策の『柔軟性、効率性、費用効果』を高めるものであることについては広く認識されている」としている。環境保全のための経済的手段として、①課徴金および税、②売買可能排出権、③デポジット・システム（預託金払い戻し制度）、④資金援助、を挙げている。環境税は当然に①に入る。

これは、従来、経済的な事柄とは一線を画されてきた社会的問題に、市場機能を導入して対応しようという動きの一部でもある。このような経済的手段あるいは市場機能を導入は、膨張する財政需要への対応という側面も有している。国・自治体が提供する施設やサービスは一見無償であるので、公共サービスへの欲求は際限もなく大きくなる。それゆえ、公共施設の利用や公共サービスの提供に「価格」を付け、国民・住民の欲求を抑制しようということになる。

DSM

デマンド・サイド・マネジメント（Demand-side Management）、需要側の管理。社会資本や公共サービスは、需要に合わせて供給を行おうとする傾向があった。視点を変えて、需要を管理して効率的に行政等を行おうという考え方のこと。

つまり、受益者負担原則による需要抑制という考え方である。環境問題における例としては、温暖化ガスや廃棄物の排出を負財の生産と捉え、DSM（デマンドサイド・マネージメント）という表現で、適正な受益者負担の導入による需要抑制（調整）が挙げられる。

これは、本章第2節で述べた、ピグー税やボーモル・オーツ税の効果と似ている。しかし、理論的な検討において要求される程厳密な効果の把握は求められないであろう。たとえばごみのの産出抑制によって節約されるのは、そのごみを処理するための財政支出である。通常の公共施設・サービスの例で言

えば、道路等都市施設の利用に対して適正な価格を設定して、施設建設需要を抑制すべきという主張がある。

■公共サービスすべてに受益者負担は不可能■

　公共サービス等に経済的手段を適用する場合には、受益者負担の原則による価格に準じるような負担の賦課が中心的方策になる。公共サービスの全てに受益者負担原則の適用が可能なわけではない。純粋公共財には、受益者負担原則の適用は不可能である。非排除性、非競合性が不完全な準公共財の中に、受益者負担原則適用の可能性を追求することになる。可能であっても、価格の設定が望ましいか否かは、別の検討課題である。

　公共サービスに対する受益者負担は、2つに分けて考えるべきである。

　一つは、公共サービスの直接的利用に対する負担である。廃棄物の排出に対する従量負担、道路の使用に対する負担、美術館等公共施設の入場料等である。こういう負担は、利用者負担と呼ぶことができる。もう一つが、公共サービスや公共施設が存在することによる間接的利益に対する負担である。こちらが狭い意味での受益者負担である。公共施設の建設から利益を得る人がその建設費の一部を負担する事等である。

　今まで、一般廃棄物処理に受益者負担（利用者負担）原則が適用されることは比較的少なかった。不法投棄増大の不安がもたれたのである。従来無料で提供されてきたサービスについて、従量制の負担が導入されることに対する政治費用が大きいという理由もある。しかし、廃棄物排出量の抑制と、廃棄物処理費用調達のため、経済的負担を課さざるを得ない状況に立ち至っている。

(2) 有料制

■廃棄物処理の有料制二つの方式■

　受益者負担原則の適用例として一般廃棄物処理の有料制がある。一般廃棄物処理のために課されている経済的負担のあり方には、大きく分けて二つの方法がある。定額制と従量制である。この両者を併用する、公益事業における基本料金と従量料金を組み合わせたような制度が、望ましいかもしれない。しかし、今のところ、そのような有料制を採用した団体は少ない。

　定額制は目的税として、世帯に一定額の負担を課すものである。

自治体により、世帯当たりの負担額が均一の場合と、世帯人口によって差をつける場合とがある。定額制は、法的性格はともかくとして、財政的な観点からする租税としての性格は極めて強い。また、一定の収入を確実に得ることができる。しかし、ごみの減量には効果がないのであり、環境税としての政策目的上の効果は乏しい。本章第1節に述べた3種類の環境税の内、第2のものに当たる。当然に、地域環境税ではない。

　従量制は市町村ないし一部事務組合が、一般家庭から排出される廃棄物の量に応じて徴収するものである。一般廃棄物には事業系（図表Ⅱ-1参照）も含まれる。粗大ごみと並んでこちらの有料化は家庭系よりも早く行われた場合が多い。しかし、課金等の実施方法は余り変わらないと思われるので、ここでは、家庭系一般廃棄物を中心に検討する。

　従量制による課金においては、排出量を家庭毎に計量することが一番正確であり、目的にも適う。ドイツ等では、家庭毎に廃棄物排出量を計測している例もあるが、現在の日本の状況では、それを一般的に行うのは極めて困難である。

■ **有料制の方法** ■

　家庭毎に排出量を計測する方法として、ごみバケツを使う方法がある。所定のごみバケツに家庭ごみを入れ、決められた日に所定の場所に、所定の方法で出しておく。それをごみ回収のトラックが中身を集めていく。バケツの内容物をトラックに移すのは機械的に行うが、その際、バケツ毎の内容物の計測も自動的に行う。バケツにより家庭の認識を行い、中身回収前と後の重量の差が当該家庭の排出量となる。

　この方法を採用するとした場合、技術的に難しい部分は殆ど無い。しかし、ごみバケツを置くスペースの確保、ごみバケツをきちんと並べておく社会的ルールの確立等、一朝一夕には解決できない課題が幾つか存在する。

　それゆえ、使用するごみ袋あるいはシールを指定して、その袋ないしシールを有料で頒布することとなる。その代金は、市町村ないしその一部事務組合の財政収入となる。廃棄物の排出時に、指定袋の使用やシールの添付が義務付けられ、従わないものは収集されないこととなる。指定の袋やシールの使用に当たっては、小売店等頒布ルートに支払われる販売手数料と、メーカーに支払われる袋やシ

ールの製造費用が、市町村ないしその一部事務組合である清掃当局側に発生する。

この制度においては、袋やシールの強制的使用の可否が、制度運営の要となる。指定袋やシールを使用しない排出者の廃棄物は収集しないという強制力の有無が、廃棄物制度に関する重要な評価基準となる。この部分を強調する余り、指定袋やシールの売り上げが「自治体の歳入に入るか入らないか、……問題としない」[4]という論者もいる。しかし、環境税特に地域環境税という視点からは、財政収入になるか否かは根本的な重要性を有する。これがなければ、ごみ処理行政の費用を賄うことはそもそも不可能になるからである。

家庭系一般廃棄物処理の有料制は、廃棄物排出抑制と処理費用調達を行う地域環境対策手段の一つである。この賦課は、個別行政サービスに係わるものであるから、当然に、個々人の租税給付と、公共サービス利用との間に数量的対応関係が得られる。このような性格からして、現在の従量有料制による経済的負担は手数料である。同時に、本章第1節に掲げた第3の環境税の条件を満たすものとして、また自治体が管轄する地域環境問題に賦課される負担として、地域環境税である。

(3) 目的税

地域環境税は、地域環境に関する政策手段として、環境負荷行為抑制のための経済的負担である。同時に、一般廃棄物処理の有料制に見るように、課税対象に係わる公共サービス提供に必要な資金調達手段でもある。地域環境税は必然的に目的税となる。

■目的税の持つ収支の問題■

目的税とは、収入と支出が結び付けられる税を言う。

これも大きく分ければ、収入と支出の間に特段の関係のない税と、関係のある税に分ける事ができる。前者の例が、一般廃棄物処理に関する定額負担であり、後者の例が従量有料制である。

現在の財政制度においては、目的税は例外的存在である。国の会計においても、それは同じである。これに関する具体的規定を定めた財政法の第13条は、会計が一般会計と特別会計からなることを規定した後、「一般の歳出歳入と区分して経理する必要がある場合に限り、法律を以って、特別会計を設置する」としている。特別会計

が例外として特別に設置されるものであり、一般会計で全てを経理することが原則であることが示されているのである。

ある行政サービス提供において、個々の収入と経費を結び付けた場合、両者が乖離すると、予算運営上の不効率を生じる。但し、両者が一致していれば、国民経済的な効率が達成されていることにはならない。

■ **収入が支出を上回ったら** ■

収入が支出を上回った場合、対応方法は4つに分けられるであろう。①余剰分が納税者（負担者）に戻される。②他の目的に流用される（一般会計に繰り入れられる）。③目的とされた事業の追加支出に用いられる。④当該会計に積み立てられる。

この中では、①税の返却が最も望ましいように思えるが、事務上の費用（手間、時間を含む）を考えると、最も採用され難い方法である。納税者に戻すことが難しいのであれば、間接的に戻すこととなる、②他会計への繰り入れが良いであろう。しかし、支出と結び付けた形で負担を求めているのであるから、負担者の了解が必要であろう。恒常的に余剰が出るのであれば、負担水準の引き下げが求められるであろうし、臨時的であれば了解を求める費用は大きくなるであろう。また、当該会計の運営者（行政事務の担当者）は、他会計への繰り入れに抵抗を示すであろうし、受け入れ側も恒常的収入でなければ余り歓迎しないかもしれない。支出の追加を行う③の方法がもっともあり得そうな選択肢である。当初の支出予定にない費目への資金割り当ては、時に不必要な支出を導く可能性がある。そうであれば、使わずに溜めておく④の方法を選択することになる。しかし、これでは、納税者に過大な負担を負わせたとの批判を免れないであろう。

■ **支出が収入を上回れば** ■

支出が収入を上回った場合、対応方法は4つに分けられるであろう。①不足分を他会計から受け入れる。②不足分だけ支出を切り詰める。③不足分を借り入れる。④増税する。

他会計から援助を受ける①の方法を採用することが多い。収入不足が恒常的であり、他会計が一般会計であれば、収入と支出を結び付けて運営する意義は乏しいと言える。他会計が余剰を生じた特別会計であれば、1．そこから補填を受ける意義への疑義（納税者向け説明）、2．収入の不安定性、といった問題が生じる。支出の切

り詰めという②の選択肢では、当初の支出水準が適当であれば、支出＝公共サービスの不足が生じることとなる。③借り入れは、問題の先送りに過ぎない。④増税はなかなか難しい。

■収支が一致していても■

収入と支出がほぼ一致している状態でも、支出＝公共サービスが国民経済的に見て効率を達成する水準であることは保証されない。実は収入が過多であるが、過剰な支出が行われていることによる収支均衡の可能性がある。この場合、通常言う無駄や不能率は発生していなくても、非効率である。反対に収入不足でも支出を削り込んだゆえに収支均衡を達成している場合もある。この場合も非効率である。個々の収入を支出に結び付けると、公共の必要によって定められるべき支出水準＝公共サービス水準が、収入によって定められ、非効率が発生する可能性が高くなるのである。

こういった理由で、収入と支出を連結する財政運営は批判されてきた。財政の硬直性を高め、財政資金の非効率性を高めるという2点に、その批判を要約できるであろう。

■地域環境税の場合■

このような懸念は大筋としては、環境税についても妥当する場面が多いと思われる。しかし、地域環境税については、互いに関連する2つの論点から解決が可能である。

第1に、目的税としての地域環境税は、自治体の税である。自治体の業務には、いわゆるサービス行政が多く、権力行政は少ない。権力行政は経済学で言う純粋公共財に近いものが多く、その行政からの受益の程度を個別に判定することは難しい。サービス行政は、準公共財や民間で上業ベースで供給される私的財が多い。こういった公共サービスは、受益者（利用者）と受益の程度を特定できるものが多いので、目的税の導入可能性は広いと考えられる。

第2に、地域環境税には、制度上は税というよりは料金と言うべきものも多いと言うことである。サービスの供給が独立採算的な企業形態によっている場合、その負担は、料金（＝価格）と呼ぶべきであろう。典型的には、水道事業がこれに当たる。公営ガス事業も同様である。一般廃棄物処理は、現在は行政サービスとして行われ、従量型有料制による負

私的財

サービスも含めた商品のことを経済学では財と呼ぶ。私的財とは普通の財のことで、一人の人が消費していれば、他人の消費を拒否することが容易で、他人が同じ財を消費すると、互いに邪魔しあう。普通は民間企業により市場で供給される。

担も手数料に分類される。支出を賄うまでの収入はないが、支出と収入を結び付けた処理がむしろ望ましいと考えられる。

そうはいっても、全ての租税を目的税化することは望ましくない。自治体においても、受益者や受益額を特定できないサービスの方が多く、要する費用も多い。全体として、目的税導入が可能な自治体の行政分野は少なくない。その行政事務の遂行においては、受益と負担の対応関係を明瞭にすることが望ましい。それにより、行政の能率性の向上が期待できる場合が多いと考えられるからである。

（4）受益者負担が行政の責任を明確にする

受益者負担原則の導入、すなわち受益と負担の個別的対応の導入は、対象となった公共サービス供給における経営情報の量と質を向上させる。そして、組織の会計的独立は、その公共サービス供給における「政府の失敗」が生じた時、その責任者の特定を容易にする。それゆえ、可能な場合、特定の公共サービスの供給に係わる会計は独立させるべきである。これは、有償で提供される公共サービスは、利用者がいわば「財布による投票」を行っているのであるから、その評価を明瞭にするためでもある。利用者＝納税者も有償で提供される公共サービスへの目は厳しくなるので、行政の能率性向上への圧力が生じることとなる。

独立会計制は、その事業に倒産というリスクを課すまではいかないが、そのサービスに係わる行政責任の所在を明らかにする。これにより、個別の公共サービス供給に関する責任が大規模組織に埋没している場合よりも、迅速的確な対応が取られる可能性が高まる。会計の独立が、直接に運営権限のより大幅な委譲を意味するわけではない。しかし、実態としてはその可能性が高いであろう。権限の移譲によって、窓口の担当者と政策決定者の距離が縮小すれば、利用者の要望等への反応も早くなり、その事業運営の効率性向上に寄与すると思われる。

ただ、非常に多くの独立会計の設定は、行政費用を増す可能性が高い。また、議会による監視費用も増大させる。それゆえ、重要な公共サービスを対象として、価格・独立会計の設定を行うべきであることは言うまでもない。

サービス行政のシェアが元々大きい自治体の会計においては、独立金庫制の拡張は、その公共サービスの効率性を向上させる効果が

大きいものと考えられる。廃棄物処理のような個別公共サービス供給における財源確保について、一定の役割を果たしえるのであれば、その効果は大きい。そして、個別公共サービス供給における財源と経費のリンケージは、財源獲得が利用者の金銭支出を通じて行われるので、日常的な事業運営が、最も説得力のある政策評価となる。

受益と負担の個別的対応を制度的に導入することは、政府部門の効率性を確保する上で、無視できない要素であると思われるのである。

4. 地方税としての地域環境税

(1) 地方税の骨子

地域環境税は、基本的に受益と負担の対応関係を樹立することを目指している。一般廃棄物処理においても、現状では無理であるが、所要経費を地域環境税で賄うことが一応の目安である。また、産業廃棄物のように問題の原因地と発生地が異なる場合の対策としての側面も有している。

地域環境税は国と地方の財政関係の改善を直接に目指すものではない。しかし、地域の内外における受益と負担の対応関係の樹立を目指すものである。

臨時行政調査会の第三次答申に示された、「選択と負担」の考え方に照らせば最低限の廃棄物処理は必須のサービスであり、選択の余地は少ない。しかし、コンポスト化（堆肥化）、リサイクルの推進、固形燃料化（RDF化）等は、地域環境保全に係わる選択的公共サービスである。これらの費用の調達も考慮した地域環境税を考えることはできる。この原則は、自治体のやや高度（選択的）な廃棄物対策等に係わるものであると言えよう。

地域環境税は、原則として地方税の一部を形成するものであり、ある条件を満たす強制的経済負担である。それゆえ、地方分権推進そのものは目的としていないが、自治体が提供する公共サービスの費用と便益を対応させることは、地方分権にも資するものとなるのである。

Ⅱ章　地域環境税

(2) 法定外目的税

　　2000年4月に施行された地方分権一括法によって、法定外目的税が創設された。現在（2002年）、日本における自治体の財政収入の内、目的税として徴収されているものは、本当に僅かで、存在感も乏しい。地域全体においても、個別行政においても、受益と負担が一致していることが望ましい。地域毎の担税力・財政力の格差を勘案すると、地域間の財政調整制度を全く廃止することは難しい。しかし、個別行政毎に負担と受益（原因）を一致させていくこと可能であろう。

　　法改正もあり、地方政府の財源として、目的税により多くを依存する態勢ができたと言えるであろう。地方の財源は、目的税からの収入を多くする方向へ構造改革するべきである。

　　目的税は、伝統的に租税の要件であった、強制性と無対価性のうち、後者を税の要件から外すないし弱めることとなる。租税国家の形成期とは異なり、グローバル化の中、政府はその絶対性を失い、国家間のみならず他の機関との競争関係を意識せざるをえない状況にある。国家が他の機関に対して超越性を持ちえなくなっている状況を認めるのであれば、その収入に無対価性を求めることもないであろう。他との競合関係があり、国という上級団体の存在を前提にせざるを得ない自治体においては特にそうである。

　　租税法定主義によれば、法律ないし法律の定める条件によるものが租税とも言える。地方分権一括法に基づく法定外目的税はこの要件は満たすものである。

　　いまだ構想段階のものが多いが、法改正を受けて、かなり多くの法的外目的税構想が発表されている。法改正を受けた法定外目的税の第1号となった税は、河口湖の釣り客を対象とした「遊漁税」である。これは、山梨県の河口湖町、足和田村、勝山村によって課されるもので、ごみ対策や駐車場対策といった河口湖周辺の環境整備に当てられると報じられている。法的外目的税構想の多くは環境税であり、地域環境税と呼び得るものも含まれていると思われる。

　　今まで、地域環境税と呼んでいた家庭系一般廃棄物の有料制は、内容的にはともかく制度的には手数料と位置づけられる。これを法定外目的税とする条例を制定すれば、税となる要件は備えている。そうであっても、実務上問題がなければ、税と名をつけるために条

49

例を制定する必要は無い。

しかし今後は、名実ともに地域環境税と呼びえる税が増える可能性が高いと思われる。

(3) いろいろな地域環境税

法改正による地方公共団体の法定外目的税の構想はかなりの数が報道されている（図表Ⅱ－2参照）[2]。全国の自治体からすると、未だ僅かではあるが、今後の動きに期待を抱かせるものである。環境税と思われるものに○印をつけたが、新税構想の過半を占めている。解釈によっては、もっと多くの税が環境税と呼べるであろう。原子力発電所の使用済み核燃料への税も、エネルギー産業への課税なので、環境税と言うことも可能であろう。遊漁税も、税収は河口湖周辺の環境整備に当てるとしている。

これらは、ある程度まとまって新聞報道されたものを中心としているので、他にも新税構想はあると思われる。

図表Ⅱ－2には無いが、岩手、秋田、青森3県が「広域環境税」を検討していること、東京都の税制調査会が地方環境税の創設を提案していることも報道されている。筆者の個人的見聞の範囲でも、1997年に観光税（道路利用税、道路周辺の自然保護に使用）、産業廃棄物税の導入を担当部内で検討していた県の行政当局者がいた。先の期待は、このような傍証にもよる。反面、先と同じ記事には「取りやすいところから取ろうとしている。」とか、「今の環境税ブームは環境対策の裏付けが不十分で、財源目当てのアイデア合戦でしかない。」との批判も掲載されている。同様に、「安易な増税の恐れ」があるとも報道されている。

新税構想一般については、その税がどのような名目を挙げようとも「新税は悪税」であり、新たな負担を求められる者からは当然に不評である。また、資金調達を目的とする税本来のあり方からすれば、取れるところから取る、取り易いところから取るのも当然である。とりわけ新税導入の際は、租税抵抗が比較的小さいところに、税負担を求めようとするであろう。問題は、それが経済活動を歪めること、社会的公平を損なうこと、行政サービスの受益（原因）と負担の関係を不明確にすることである。新たな税を課せば、社会的公正は必ず損なわれるから、それが容認できないほど大きいか否かを問題とすべきかもしれない。

Ⅱ章　地域環境税

図表Ⅱ－２．地方公共団体の新税構想

団　体　名	新　税　構　想　○環境税と思われるもの：和田
東京都	大手金融機関への外形標準課税 ○自動車税のグリーン化
東京都／杉並区	○レジ袋税
東京都／港区	たばこ自販機税
神奈川県	○水源など環境保全を狙った生活環境税（アメニティー税） ○自動車税の不均一課税／臨時特例企業税
神奈川県／横浜市	場外馬券売り場・パチンコ・風俗店に対する税
神奈川県／藤沢市	原動機付き自転車の購入登録税
埼玉県／所沢市	○産業廃棄物処理業者への税
新潟県／柏崎市	使用済み核燃料のサイト内保管への税
山梨県	有料道路（富士スバルライン）の通行税
山梨県／河口湖町　足和田村、勝山村	遊漁税（河口湖の釣り客対象、現存の遊漁券に上乗せの形）
長野県／駒ヶ根市	駒ヶ岳ロープウエー利用税
静岡県／熱海市	観光客を対象にした観光振興目的税
岐阜県	○産業廃棄税／有料道路の有料期間終了後に課税
岐阜県／多治見市	○産業廃棄物税
三重県	○産業廃棄物税（産廃埋め立て税）
三重県／久居市	○電気自動車等買い換え促進税
大阪府	大手金融機関への外形標準課税／法人府民税の均等割の引上
大阪府／箕面市	○山ろく保全のための「みどり税」
鳥取県	○産業廃棄物施設建設促進の税（産廃施設周辺整備のための税） ○森林の保全・水源かん養のための税
岡山県	○産業廃棄物税、○自動車税のグリーン化
福岡県	○産業廃棄物税、○自動車税のグリーン化
鹿児島県／川内市	原子力発電所の使用済み核燃料への税

　この最後の観点からすると、これらの新税は規模が小さいので、大きな問題とはならないと言えよう。例外は、東京と大阪の大手金融機関を対象とする外形標準課税の導入であり、数千億円、数百億円単位の税収が見込まれている。それ以外は、余り巨額の税負担を求めるものはない。それゆえ、経済活動、社会的公平に大きな悪影響を与えることはないであろう。法定外目的税として課されるもの

51

の多くは、租税回避も可能であり、まさに市場テスト（類似の吟味）を受けることになる。

（4）廃棄物に関する新税構想

廃棄物を主たる対象にした地域環境税の観点からは、杉並区で構想を発表したレジ袋税と各県で導入をした産業廃棄物税が注目される。後者に関しては、三重県が先進事例として有名である。

■レジ袋税の効果■

杉並区のレジ袋税は、買い物客にプラスチック製の手提げ袋を配るスーパー等に、1袋5円のレジ袋税を課すというものである。レジ袋に課税することで、客が買い物カゴ等を持参するようにし、ごみを減らすことを狙いとしている。5年間の時限課税で、年間1億8,800万円の税収を見込むという。この税は、「使い捨て文化の象徴」（山田宏杉並区長）であるレジ袋の減量を狙っている。レジ袋製造業者の業界団体では「レジ袋はごみ袋としても二次利用され、さらに焼却時には補助燃料としても一役買っている」と話しているとのことである。

レジ袋税については、地域環境税として高い評価はできないと考える。この税は、法定外目的税として構想されているとのことである。その場合、使途を考えた場合、原因（受益）と負担の関係が明瞭にならない。「課税都合税」ないし「負担配分税」の性格しか持たない。そして、負担や徴税費用の問題がある。第1に、徴税義務者であるスーパーやコンビニにとって、かなり大きな納税費用が発生する可能性がある。徴税の手間が新たに発生する。レジ袋を希望するか否かの認定がまずある。そして、顧客の反感によるレジでのトラブル、他地域への買い物客の流出といった費用が予想される。その結果、負担が小売店あるいはメーカーに移れば、政策目的は達成されない。消費者の負担が確実に行われて、買い物客の流れが変われば、レジ袋税以上の経済・財政的費用が発生する。

それゆえ、レジ袋税は、所期の効果は十分には得られない可能性が高いと考える次第である。しかし、このような社会的実験は試みられるべきであると考える。比較的小型の税であるから、試行錯誤を試み

> **課税都合税**
>
> 性質別目的税の3分類の一つ。財源獲得のために取れるところから採る税のこと。対照的なのが価格代替税であり、税を取る目的と負担の関係が明確な税を言う。両者の中間的税が負担分配税である。参議院議員だった牛嶋教授の分類である。

II章 地域環境税

る余裕があるからである。また、とかく精神主義に流れ勝ちな環境対策の限界を知る機会を提供するからである。環境税の観点とは異なるが、多くの地方政府が様々な試みをできることは、地方自治の観点からのみならず、政府部門の活性化や効率化の観点からも望ましいことである。

■ **産業廃棄物への税** ■

廃棄物の排出量としては、産業廃棄物は一般廃棄物よりもはるかに多い。地域環境税の適用対象として、産業廃棄物（産廃）が検討対象となるのは当然であろう。図表Ⅱ-2でも、産廃関連の新税構想は7件あり、課税対象としては最も多い。産廃課税については幾つかの自治体が構想を有しているが、三重県が早期に構想を発表した。

三重県の産廃課税は「産業廃棄物埋立税」[3]として実施されている。この税の負担者は、その排出する産業廃棄物を三重県内で埋立処分しようとする産廃排出事業者である。この排出事業者は、三重県内の産廃埋立業者と産廃処分委託契約を結ぶ。この処分料を払う時、税金分も埋立業者に支払う。この税の徴収・納税義務者は、三重県内で営業する埋立業者である。埋立業者は、預かった税金を県税事務所に、毎月申告・納税する。税率はトン当たり1,000円、90万トンの埋立量があるので、年間税収は9億円と見込まれている。

この税の目的は、産廃排出に税負担を課すことにより、排出抑制効果を狙うことがまずある。税収は、①廃棄物発生抑制の推進・リサイクル推進のための環境政策、②県および処分場所在市町村の環境対策、を使途とするとされている。①は、1．リサイクル・ゴミ減量化施設・設備整備等補助、2．リサイクル・ゴミ減量化に関する技術開発補助、3．ISO14001認証取得の促進、が具体例として挙げられている。

三重県の産廃税（産廃埋立税）は、環境目的を有し、税収目的も明瞭である。負担額と負担理由との関係について改善の余地はあるが、地域環境税と言える。

地域環境税は、一般廃棄物の排出、産業廃棄物の排出、資源の再生利用を対象とする業務に必要な行政費用を賄う税として設計できる。そのよう

> **ISO14001**
>
> 国際標準化機構（International Organization for Standardization）が作成した国際標準規格の一つである。9000シリーズ（品質管理）と14000シリーズ（環境管理）が有名である。ISO14001は環境改善へのシステム構築に関する規格である。

に設計してこそ、目的税として価格代替税の性質を備えることができるのである。費用を償う範囲、サービス提供の主体、法的位置づけ等により、その名称は様々なものがあり得るであろう。サービス提供主体としては、民間企業、地方公社、公営企業、専門行政組織、行政組織本体等が考えられよう。負担の名称は、料金、課徴金、手数料、目的税があり得るであろう。

名称や主体の如何に係わらず、原価主義による課金システムの構築は、適切な地方税の設立を可能にする。この課金システムは、合理的（＝租税抵抗を減らす可能性がある）税率設定、原因（受益）と負担の均衡、行政（政策）評価の資料提供を可能にすると考えられるからである。

注記
1－1） OECD（1994）pp.48-76
　　2） 牛嶋正（2000）p.5
　　3） Pigou, A. C.（1960）p.192
　　4） 石弘光（1999）p.10、後のまとめは同pp.10-11より
　　5） W. j. Baumol and W. E. Oates（1988）pp.159-176
2－1） OECD環境委員会（1992）p.4
　　2） 山谷修作（1993）pp.1-36で「廃棄物減量化とリサイクルのデマンドサイド・マネージメント」として、受益者負担原則による需要管理の考え方が示されている。
　　3） OECD都市問題課（1992）p.64
　　4） 落合由起子（1996）pp.12-15
　　5） 小島和夫（1990）p.66
　　6） 木村元一（1958）pp.93-96
3－1） 橋本徹（1995／2001）pp.11-15
　　2） 報道については、日本経済新聞・朝日新聞　の記事による。
　　3） 三重県のホームページによる。2001年3月21日アクセス

文献
・落合由起子（1994）「ごみ処理有料化による家庭ごみの減量化に関する研究」『LDIレポート』ライフデザイン研究所1994年8月pp.29-46
・落合由起子（1995）「ごみ処理有料化の意義と減量効果」『LDIレポート』ライフデザイン研究所1995年9月pp.27-47

- 落合由起子（1996）『家庭ごみ有料化による減量化への取り組み－全国533市アンケート調査結果と自治体事例の紹介』ライフデザイン研究所1996年10月
- 厚生省（1993）「家庭ごみ有料化実態調査結果について」『月刊自治研究』1993年9月pp.78-80
- 諸富徹（2000）『環境税の理論と実際』有斐閣2000年3月
- 山川肇（2001）「不法投棄と自家焼却は有料化によって増えるものではない」『月刊 廃棄物』2001③日報 pp.14-19
- 山谷修作（2000）「ごみ処理有料化における市民の意識と行動」『公益事業研究』第52巻第1号2000年10月pp.31-39
- 山谷修作（2001）「二段階方式でごみを有料化した五市の取り組み」『月刊 廃棄物』2001②日報 pp.2-13
- 山谷・和田（2001）「全国都市ごみ処理有料化施策の実態－全都市アンケート調査結果から」『公益事業研究』第52巻第3号（2001年3月）公益事業学会
- 和田尚久（1996）「公的供給財への『価格』設定 －家庭ごみの有料化：費用を償わない価格の意義－」『公益事業研究』第47巻第3号1996年3月 pp.31-56
- 和田尚久（2000）「リサイクル資源の国際流動」『公益事業研究』第52巻第1号2000年10月pp.21-30

第3章
ごみ処理の有料制

1. ごみ有料制

（1）家庭ゴミ処理の有料化

■処分場不足とごみ減量■

　　　　大都市等における最終処分場の不足は、かつて極めて切迫した状況にあった。処分場不足に対処するには、そこに持ち込まれる廃棄物の量を減少することが必要である。そのためには、中間処理による減量・減容が有力な手段である。脱水、焼却が一般的中間処理であり、減量・減容に有効である。それ以上に望ましいとされる方策は、廃棄物の再生利用である。しかし、最終処分場への負担を減らすには、ごみの排出量そのものを削減することが最良の手段であり、ごみ排出量の削減施策が求められることになる。

　　　　厚生省の研究会[1]では、ごみ減量化における問題点を、①排出、②製造流通、③再生利用、④ごみ処理システム全体の4つの段階毎に指摘している。このうち、①排出段階については、処理手数料の低さ（無料）が、排出抑制・再生利用への動機つけを弱くしているとし、ごみの排出抑制・再生利用への努力が報われないことを指摘している。②製造流通段階でも、ごみ減量化に努力している企業のコスト負担上の不利益性を述べている（一部）。（③は略）、④ごみ処理システム全体として、ごみ処理費用最小化を指向せず、費用負担が公共セクターに偏っているとしている。

　　　　ごみの減量化のためにはごみ排出に経済的負担を課すことが結論となる。また、産業廃棄物の処理や粗大ごみの処理は広く有料化が実施されているので、当面の措置としては、家庭ゴミの排出に対する経済的負担措置が採用されることとなる。

　　　　有料化に関する検討については、後の章で紹介する全国都市の有料化の流れは参考となる資料である。

　　　　有料化を行っても、その方法等により、排出抑制効果は様々である。排出抑制が大きいと考えられるのは、排出量に従って賦課される従量制であることは言うまでもない。

　　　　従量型の価格設定においては、消費量の計測が必要である。ごみの例では、排出されたごみの重量の計測が必要となる。しかし、安価で信頼のおける計測システムが利用できない場合、計量は代理的

な指標で行うこととなる。日本で従量型としている有料制の大部分は、指定袋ないしシールの指定とそれへの価格設定によっている。シールや袋の数を以て排出量に代替させているわけである。現時点では、これが現実的な方法である。しかし、従量制と言うには、かなり荒っぽい制度とも言える。その点で、有料化を実施しない都市が多数派を占め、定額制を採用している都市が若干ながら存在することも理解できるのである。

(2) 有料制の効果

ごみの排出それ自身は消費・生産活動等の目的ではない。消費・生産活動等に付随して出てくるものである。消費・生産活動等そのものは抑制しないとすれば、ごみ排出の有力な代替財を用意しない限り、家庭ごみの価格弾力性は著しく低いものとなる。家庭ごみで考える場合、ごみの排出に負担を課しても、大きな効果は期待できないはずである。

■ごみ排出の代替財■

ごみ排出の代替財を用意すれば、家庭ごみへの価格設定が、減量化努力に対する強い価格効果を生じる可能は存在するであろう。排出価格が上昇すれば、代替財価格との比較の上で、代替財の選択率が高まると考えられるからである。市民の側にも、基本的にこれと同様な認識が広く存在するようである[2]。しかし、ごみ（処理）は負財であるから非排除性が高い。それゆえ、ごみ排出およびその代替財両者の価格（負担）水準が共に高くなれば、相当多額の行政費用（監視、処罰等に必要な費用：規制費用）を投じない限り、不法投棄という第3の選択肢を選ぶ確率が高くなるであろう。これは、有料化の問題点として指摘されているポイントである。

家庭におけるごみ排出の代替財としては、台所ごみ等を対象としたコンポスト（自家処理）があり、資源ごみ等のリサイクルがある。粗大ごみを再利用ルートに乗せることも、これに含まれるであろう。不燃ごみと可燃ごみの分別徹底も、中間処理施設能力への圧力を減らすという意味で、処理者側にとっては有効な代替財と言えるかもしれない。自家焼却は、ダイオキシン発生抑制の観点からは、望ましくない代替財とされている。

代替財を選択する場合、一定の投資（コンポストの購入等）、相応の労力投入等の費用が発生する。

III章　ごみ処理の有料制

■ リサイクルに不可欠なシステム ■

　リサイクルを行う場合は、リサイクルすべき廃棄物の再資源化には、廃棄物の分別回収のみならず、そのストック、運搬、加工、商品開発等を実施するため社会・経済システムが必要である。

　そのような社会・経済システムが徐々に形成されていった結果であろう。「ごみ足りない！」[3]とすら新聞で表現される事態が生じている。東京都の清掃工場（焼却炉）の能力に余剰が生じているのである。同じ記事によれば、1999年における都内のごみ排出量は、360万トンと、石油危機後の不況時の水準まで下がったと言う。ごみ処理（焼却）能力は430万トン余りで、最もごみ量が多かったのは、1989年の490万トンとのことである。

　この原因として、記事は不況とリサイクルの進展を挙げている。

　この記事によるごみ量減少の多くは、不況によるものであるとすることができよう。東京都の一般廃棄物の半分程は事業系とのことであるから、不況の影響は大きいであろう。

　東京都の場合は、約10年間の状況の変化を踏まえたものである。図表III－1で示した諸都市の場合は、1年ないし数年において生じたごみ減量である。清掃トンと実測トンから初期の減量が過大に記録された可能性はあるにせよ、持続的な減少はそれだけでは説明できない。反面、直接的なごみ排出の有料化だけでは、価格弾力性の

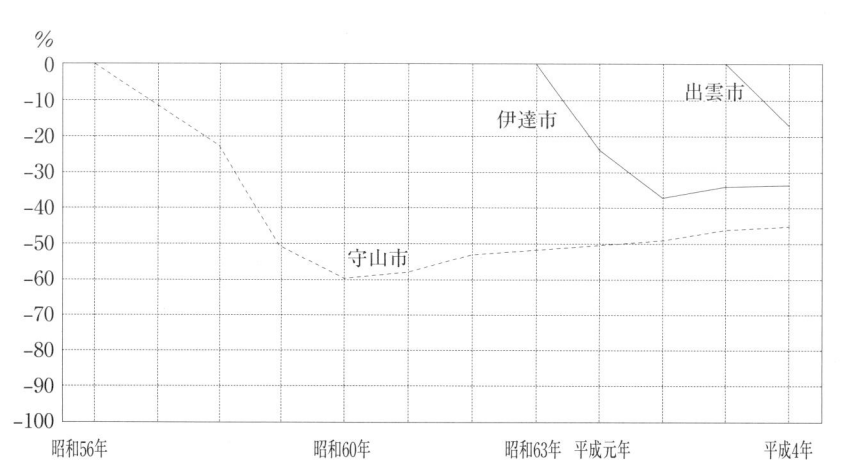

図表III－1．有料化の効果

出所：厚生省(1993年)p.14より作成

問題から、即座には大きな減量効果が望めないと考えられる。価格効果による減量効果以外の要素について考察が必要と思われる。

■**透明袋でも抑制効果**■

　有料化の導入を行わない、各家庭にとって実質負担とならないケースでもごみの減量が生じている事例がある。川口市では、平成7年の4月より、ごみ収集に半透明袋を導入しており、同年8月までの実績が報告されている。これによると、前年同期間比で、ごみ排出量は約4,200トン減少している。同市では、家庭系ごみと事業系ごみに分けているが、この内家庭系ごみが約7,800トン減少している。しかし、事業系ごみが同期間で約3,600トン増大し、総体で4,200トンの減少となっている。これは、同市の同期間中のゴミ排出量の6.1％に当たるとのことである。

　同市では、家庭系ごみ収集は無料であるが、事業系ごみ収集は有料である。それゆえ、内容物の判定がし易い半透明袋の導入により、従来、事業系のごみでも家庭系のごみとして排出していたものが、事業系のごみとして排出されるに至った模様である。同市の財政収支としては、双方のごみ処理費単価は同一としているので、総量の減量分だけ財政負担は減少している。事業系として出されるごみが増えた分、手数料による財政収入が増大している。

　収支の総計としては、資料のある5ケ月分で、1億7千万円余の財政貢献となっている模様である。

　川口市の新規施策は、ごみ有料化ではなく、半透明袋の導入である。同市では、市民に対し、日常的にごみ排出抑制に関わる広報活動を行っているとのことである。

　ごみ処理のような公的供給財への価格設定は、その公的供給財に対する需要の抑制が第1の目的となる場合が多い。排出者に排出に係わる負担を課すことにより期待されるごみ減量効果を、価格効果と呼んでおく。

■**困難な価格決定**■

　ゴミ処理のような基礎行政サービスの有料化は、当該地方公共団体の住民一般に不評であろう。大きな経済負担となる場合は、特にそうであると考えられる。住民に不評であれば、議会において高率の有料化導入の承認を得ることは困難であろう。価格設定の政治的費用が大きいと表現することもできる。

　また、ごみ処理価格の上昇は、ゴミの不法投棄というもっとも望

図表Ⅲ-2．半透明袋導入後の状況について

	平成6年　t	平成7年　t	比較増減量　t	減量比　％
家庭系ごみ	55,667.57	47,862.06	△7,805.51	△14.0
事業系ごみ	13,055.28	16,660.68	3,605.40	27.6
合　計	68,722.85	64,522.74	△4,220.11	△6.1

出所：川口市資料「半透明袋導入後の状況について（4・5・6・7・8月分の合計年度比較表）」

ましくない代替財を選択する消費者＝排出者の増大を予想させる。不法投棄の増大は、最終処分場への負担を減少させるわけではない。不法投棄されたものも、いずれ処分される必要があるからである。それだけでなく、不法投棄されたごみの分別度は低いであろうから、中間施設への負担を増大させることになる。その結果、最終処分場への負担をも増大させる可能性が高くなる。そして、不法投棄されたごみを収集する費用は、正規のごみ収集費用よりも大きくなることが想定される。行政経費の増大である。

　ごみ（排出）という負財は、価格弾力性が低いと想定される。充分な価格効果が出るだけの価格設定は、ごみ排出は減少させても、不法投棄という望ましくない代替財の選択を行う消費者＝排出者の増大を予測させる。つまり、ごみへの価格設定は充分な排出抑制効果が期待できないはずという結論になる。

　しかし、既述のように、現実にごみ排出に価格設定を行った地方公共団体では、比較的短期間の内に顕著なごみ減量を記録している。短期間ということは、ごみへの価格設定を前提とした、ごみ排出抑制効果を持つ社会・経済システムが形成される時間がないということである。

■**価格に応えるシグナル効果**■

　各地の地方公共団体で行われた有料化による減量効果は、価格効果を越えるもののように思われる。この越えた部分を、価格という信号（シグナル）に消費者が反応した結果と解して、シグナル効果と呼ぶこととしておく。

　一般的に、川口市でおこなっているような広報活動も含め、いわば市民教育の象徴としてのごみ有料化が、排出抑制効果を有するものと考えられる。ごみ減量効果が表れた原因を、広報・教育効果に求めることも可能と考えられるのである。

資源の最適配分に関しては、何らかの種類の費用と価格の一致によって達成されるとする場合が多い。しかし、ごみ排出のように、公共財的性格の強い公的供給財においては、価格（手数料）が費用を賄わなくとも、価格の設定が、その財に対する需給の状況を最適均衡に近づける可能性があるものと思われる。

ごみ排出においては、「ごみの排出抑制、再生利用に努力した者とそうでない者との間で負担に差がない」という状態の解消による消費者＝排出者への動機付け、広報・教育効果により、その水準の価格が与えるインセンティブでは、期待できないはずの需要（ごみ排出）抑制効果が見られたのである。

> **インセンティブ**
>
> 刺激、誘因、動機（Incentive）といった意味。ある行動を取らせる上で動機や誘因となるものを指す。太陽光発電装置を設置する者に対する補助金は、同装置普及のインセンティブである。減税等もよく利用されるインセンティブ手段である。

■ もう一つの減量要素－代替効果 ■

価格とシグナル以外のごみ減量の要素として、代替効果が考えられる。代替財の選択と行ってもよい。代替効果とは、有料化に伴いごみ排出に変わる（代替する）行為を行うことである。家庭ごみの排出者は、ごみ排出に係わる費用（金銭支出のみならず労力を含む）と、代替行為を行う費用を比較して、その行動を決めるであろう。通常は、両者の限界費用が均衡するところで行動を決めるとされるので、ごみ排出に係わる費用を上げてやれば、代替行為を選択する率が増えるはずである。

この代替行為の大部分は、リサイクルであろう。Ⅳ章の調査結果を見ると、有料化の際、資源ごみ収集を強化（開始、分別増やす、回数増やす）したとの回答が、56.7％となった。ごみ排出の有料化をごみ減量に繋げるには、リサイクルという代替財をより安価に提供することが必要である。

リサイクルの便宜を増やすことはその費用（労力等）を引き下げることになる。リサイクルは、不用となったものが家庭から排出される量を減らすことはない。しかし、最終処分が必要な廃棄物の量の削減には有効である。そして、家電のような粗大ごみについて、中古製品として海外へ輸出する動きが活発になっている。これは、国際的リユースであり、ごみの最終処分量削減に貢献することが期待される。

■ ごみ有料制と排出量の変化 ■

有料制を導入した場合に、実際にごみの排出量に変化が出るであ

ろうか。落合は、「ごみ処理費用の有料化によるごみ排出量の減量効果が全国的にみても存在する」[4]としている。第Ⅳ章に示した調査でも、有料化導入時のごみ量は、減少しているとの回答が圧倒的に多い。増えたとの回答は3％足らずであるのに対して、減ったとの回答は86.4％に達している。

有料制導入について、有料化実施直後には効果があるが、徐々にその効果が失われていくとの批判がある。

これについて、有料制導入の効果を概念図としてみた（図表Ⅲ－3）。傾向線Aが当初の廃棄物排出量の年次変化を示す線である。ある時に有料制を導入する。すると、傾向線Aは、aで下方にシフトする。このシフトの幅が余りに大きすぎるのではないかとの疑問については、前項で述べた通りである。報告されている減少幅は過大かもしれないが、一定の減量効果は生じているとの結論に達したのである。

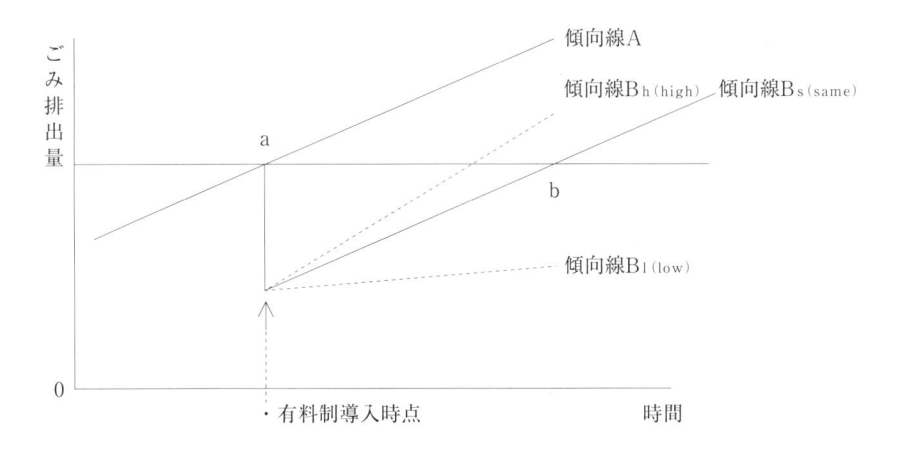

図表Ⅲ－3．有料制導入の効果（概念図）

（グラフ：縦軸「ごみ排出量」、横軸「時間」。傾向線A、傾向線Bh(high)、傾向線Bs(same)、傾向線Bl(low)、点a、点b、有料制導入時点が示されている）

aで下方にシフトしてできる新しい傾向線をBとする。実線で示した傾向線Bsは、Aと傾きが同じである（増加傾向が同じである）。Bsが右上がりの線を描けば、いつかは下方にシフトする前の排出量の水準であるbに到達する。これを以て、有料化の効果が一時的であるという批判が生じるわけである。しかし比較すべきは、傾向線AとBであり、両者の傾きが同じであれば、下方にシフトした分

だけの減量効果が持続していると見なすべきである。

傾向線Bは、実線で示した傾向線Bs以外にも、より高い増加率を示す傾向線Bhと、より低い増加率を示す傾向線B_lを想定することができる。BhはいつかAに追いつく。その場合、減量効果は一時的であったとの批判は当たっているであろう。BhがAに追いついた後もその伸び率を維持した場合、有料化はむしろ有害であったとさえ言えよう。反対に、B_lになった場合には、有料化は実に大きな効果を上げたと言える。

有料制導入化後の増加傾向の把握は、有料化の効果を実証する上で重要である。比較的少ないヒアリング調査の限りでは、有料化後の傾向線はBsに近いようである[5]。しかし、社会的状況の変化もあり、現象だけを見て有料制導入の効果を即断するわけにはいかない。

2. 行政費用を賄う税

(1) サービス供給側からのアプローチ

■ごみへ住民の関心が高まる■

政府部門が対応する廃棄物を経済効率性に則って処理するためには、経済的負担の導入が適当な手段になると考えられる。有料制を導入した場合、廃棄物量は減ったとの結果が出たが、必ずしも価格効果のみによる減量ではないことを考察してきた。

有料制の導入は、廃棄物問題へ、住民＝排出者の関心を否応なく引くことになる。これにより、廃棄物問題における広報活動の焦点を形成し、住民の関心を高める。有料制導入による住民の関心の高まりが、先ず減量効果の原因であると考えられる。因果関係はともかくとして、有料制と住民の環境意識が関連する度合いは高いようである。

次に、有料制は、リサイクルや自家処理といった減量努力に対する自己評価を高める手段として機能するものと考えられる。有料制がリサイクル活動に与える短期的な効果はなお検討の余地があるかもしれない。しかし、長期的には、リサイクルへの指向を高めることが期待される。

■負担設定の基準は必要な費用■

負担導入の効果が生じるプロセスを以上のように考える場合、価

格効果だけで大きな減量が達成されたとの結論は出し難いであろう。顕著な減量が期待できる程の負担（料金）が付しにくい事情も勘案すれば、価格効果への期待度は益々下がる。ピグー税やボーモル・オーツ税のような、負担による需要抑制効果から税率（負担率）を決定しようとするアプローチからは、実際に適用可能な負担率は出てこない。サービス供給側からのアプローチとなる。既に述べているように、廃棄物処理サービス供給に必要な費用を負担設定の基準とするとの結論が導かれる。

■必要な費用とは■

その場合、3つの論点が浮かび上がる。第1は、費用の範囲である。第2は、費用の計測方法である。第3は、費用の徴収方法である。

費用の対象は、当然に、関連するもの全てとなる。しかし、廃棄物処理事業に直接は係わらない広報費のような、行政に係わる費用を、廃棄物処理事業の原価に入れるか否かは一つの論点となりえる。また、自治体が行う事業であれば、企業形態を採ったとしても、利潤すなわち自己資本に対する報酬は含まない[6]。

費用の計測方法は、従来の現金主義会計では適正な費用表示が行えないのは明らかである。以前、全国都市清掃会議が原価計算の手順を発表しているが余り普及しなかった。2002年現在、石原都政における発生主義会計の導入準備の進展もあり、自治体の中でも会計方式の改革に目を向ける団体が出てきている。行政や政策に対する評価を行おうという動きもある。こういった動きが一つの契機となり、ごみ処理事業等への原価計算の試みが見られるようになっている。川崎市等の先進自治体に導かれ、このような動きが広がることが期待される。

費用の徴収方法には3種類ある。これを総称して地域環境税と呼んでいるわけであるが、目的税、手数料、料金である。一般廃棄物処理については、全費用を賄える水準の排出者負担賦課が可能な場合は、独立採算を前提とする公営企業の形態を採ることが可能である。この場合、負担は料金と呼ぶことが適当である。収入が自治体の金庫に先ず入り、租税との名を冠されない場合は手数料である。租税の名を冠される場合は、目的税が多いであろう。課税標準が全く一緒でも普通税となることも当然ありえる。使途と負担を関係を明瞭にする場合には目的税とすることが適当である。

(2) 会計の独立

■独立した会計で効率化の期待■

　　　　一般廃棄物処理の運営は、その費用を独立に経理することによって、効率性の向上が期待できる。地域環境税による全費用の回収が難しくても、適正な費用表示は、別の利益を生み出す。

　　　会計の独立は、当該事業の独立や、当該会計に独自の収入を与えることを直接には意味しない。事業は通常の地方公務員が行い、歳入は一般（普通）会計からの繰り入れに全てを依存することも十分にあり得る。

　　　しかし、会計独立だけでなく、事業も分離・独立させ、固有の歳入を与えることが、事業をより効率的にする方途であろう。これは、当該事業の運営責任者を明確にするのに役立ち、施設等をより能率的に運営させる刺激を与える。

　　　勿論、単に独立しただけでは、多くの地方公社が陥っているような、不効率というよりは無責任経営になる危険性も高い。一般会計等に課されている制度的な監視の緩むことがあるからである。適正な会計規律を課すことがまず必要である。それ以外に、当該事業運営を公共目的と矛盾しないで効率的経営を行わせるような刺激を与えることが求められるのである。

　　　会計の独立は、費用と収入が一つの会計の中に収められるので、その関係を分かりやすくする。会計ないし事業を独立的に運営させるための措置の検討も絞られてくる。

■事業の費用構造へ対応した仕組みづくり■

　　　　事業の費用構造が分かると、それに対応した仕組みを提案することができる。費用と便益の対応度が高ければ、支払い者の抵抗も比較的少なくなると考えられる。

　　　例えば、変動費部分と従量型の負担を対応させ、固定費部分は他の方法を考えるといった収入構造があり得る。勿論、一見当たり前のこの方法を取った場合でも検討課題は多い。先ず、変動費と固定費をどう分けるかは簡単な問題ではない。固定費部分の収入をどのような負担によるかも検討する必要がある。普通税、目的税、非従量型負担（手数料、料金）といった選択肢がある。複数の負担方法を組み合わせることも可能である。

　　　ごみ処理事業を、収集・運搬、中間処理（焼却・脱水等）、埋立

処分に分け、各々に収入を割り当てる方法もある。これは、事業の分割を含む事業形態の再検討をも招来する。

行政費用を賄う税は、費用と便益を対応させる税である。制度を詳細に設計するには、検討すべき問題も多いが、総体としての効率性の向上に資するものと考える。

3. 地域環境税と地方分権

(1) 費用と便益（原因）への対応

地域環境税は、地域的な環境保全に係わる環境負荷抑制効果と環境対策費用調達のための税である。また、環境対策費用を基準に負担率（税率）を計算することを想定している。環境に負荷を与える程度によって課税されることとなるので、負担と受益（原因）を対応させるものである。

政府部門（国、自治体）への市場機能の導入が盛んに議論されている。具体的には、行政サービス（公共サービス）に価格（料金・手数料）を導入したり、競争を可能にすることである。サービスの提供者側は、収入額の形でその事業に対する日々の評価がされることとなる。税率計算のための費用計測も、事業の状況を正確に知る重要な情報を提供することとなる。また、負担を課すことにより、環境行政の質や費用について、負担者が日常的に関心を持つこととなり、住民の監視の目が厳しくなる。

どちらも、ことさらの評価を行うのではなく、日常の業務・生活の中での行動である。サービスの提供者、消費者、両方の行動の変化により、環境行政の効率性向上が期待できるのである。

(2) 地域「間」環境税

■地域内だけではない税■

費用と便益（原因）を対応させる税は、一般廃棄物処理への負担のように地域内のそれを対応させるだけでなく、地域間の費用と便益（原因）も対応させる。産廃課税を導入しようとする自治体が増えている。

租税のあり方としては、排出、運搬、中間処理、最終処分という産業廃棄物処理の各プロセスに課税することが望ましい。そのため

には、関連する自治体（特に県）の共同が望ましい。産廃税の賦課は各々の自治体の新税として、新たな財源となる。しかし、地域と負担の関係を見ると、従来最終処分を行う地域が多く引き受けていた外部費用が、排出地域等にも負担されることとなる。

外部費用は、焼却炉から出るダイオキシン、埋立処分場からの汚水の漏出を中心として周辺環境の汚染である。それへの不安も含めてよいかもしれない。外部費用の負担は、処理を請け負った業者が行うべきである。しかし、何か環境汚染が生じた場合、地元自治体が対応せざるを得ないことが多い。事故が起きなくても周辺整備が必要になることは多い。処分場閉鎖後の管理等も、市場の失敗が起こり易い分野である。

そして何よりも、不法投棄の可能性が最も重要な外部費用である。栃木県や青森－秋田県に行われた産業廃棄物の不法投棄について、排出者に処理費用の負担を求める方向で解決が図られている。このような規制的な対応をキチンと行うことは極めて重要である。排出企業は、適正な処理を行う産業廃棄物処理業者を選ばないと、不時の、しかも正規の処理を行った場合よりもかなり多額の費用負担を余儀なくされるわけである。このような圧力に、マニフェストに従った租税負担が加われば、不適正な処理を行う業者が介在する余地は減少することが期待できる。

産業廃棄物処理に自治体が関与し、外部費用相当の処理費用を地域環境税で調達することが望ましい。地域間の費用と便益（原因）を対応させることとなり、ある地域が他の地域に負財処理の費用を押しつけることを防止する。企業活動の自由を前提とすれば、関連する多くの企業に負担を求めることとなる租税（目的税）方式が適当な資金調達手段となるであろう。

(3) 地方分権を進める地域環境税

費用と便益（原因）を対応させる地域環境税は、地方分権を推進する手段（の一部）にもなる。

産廃処分場、水源、二酸化炭素吸着、こういった環境保全に資する地域的な環境資産は、中山間地に多い。中山間地と呼ばれる国土の70％にも及ぶ地域は、水質保全や大気浄化等の形で、特に都市部に環境上の便益を提供している。都市部の経済的繁栄は、これらの環境資源を外部化したことによる部分がある。このような便益は外

部化されているので、産業構造が変化する中、環境保全資金の移転の円滑性・効率性が損なわれている。

　都市部は、こういった自らが享受している環境に係わる便益や原因に対応した負担を行うべきである。

　これには二つの社会的利益がある。一つは、地域間における費用と便益（原因）が対応させられ、全体的な経済効率（社会的な満足度）を上げることである。この面については、産業廃棄物課税を例として先に論じた。もう一つは、このような分野における地域環境税は、財源の乏しい中山間地に、贈り物ではない当然の権利としての財源を与えることである。

　地域間の環境問題に課す地域環境税が、望ましい水準までの地方分権を実現するだけの財源を与えることはないであろう。炭素税を課し、地域ごとの二酸化炭素吸着量に従ってそれを配分したら、財政調整能力はかなり大きくはなる。しかし、現在の石油関係諸税の収入額を大幅に増大されるとしても、交付税と代替するまでの力はない。それでも、地域環境税は財政力の乏しい自治体に、一定の自主財源を与える。移転財源ではあるが、自主財源と見なし得る収入であり、地方分権を推進する方向に作用するものと考える。

注記
1）　厚生省（1993）p.7
2）　東京の都市・経済構造とごみ問題研究会（1995）p.94、有料化反対理由の第1位として「リサイクルの確立など、ごみを出さない社会システムが整わないと効果がないので」（43.0％）が選ばれている。（2つ選択）
3）　朝日新聞　2000年6月7日（夕刊）第1面「ごみ足りない　都の清掃工場　不況・リサイクル進み誤算　焼却炉の休止続々」
4）　落合由起子（1995）p.43
5）　「ごみ減量とリサイクルのための経済的手法の有効性評価と制度設計」
　　（学術振興会科学研究費補助金、基盤研究C（2）、研究課題番号12630069、研究代表者：山谷修作、研究分担者：和田尚久）より。
6）　それゆえ、総括原価主義ではなく、原価主義である。
7）　山川肇（2001）pp.14-19

第4章
自治体のごみ処理行政

1. 全国の有料制の動向

（1）アンケート調査

■全国調査の実施■

　　本章では、Ⅰ章で述べた、地域環境税の背景となる実態を示すため、主として2000年8月に行った（調査票の送付時期）、「全国都市のごみ処理有料化施策の実態」を示す調査を紹介する。この調査は、都市における家庭系一般廃棄物有料化の状況を包括的に調べることを目的として行ったものである。

■自治体のごみ行政■

　　日本におけるごみ（廃棄物）は、地方公共団体が処理を行う（市町村が管轄している）一般廃棄物と、排出者が処理に責任を持つ産業廃棄物に大別される。一般廃棄物は、家庭が出す家庭系一般廃棄物と事業所から出る事業系一般廃棄物に分けられる。事業系一般廃棄物は以前から有料としていた市町村が多かった。家庭系の中でも、粗大ごみは比較的早くから有料化とする市町村が多かったようである。そして近年、家庭系一般廃棄物中の可燃ごみ等の処理も有料とする市町村が増えている。

　　有料化した市町村の多くは、ごみ減量効果を上げたとされている。

　　家庭系一般廃棄物（以後、家庭ごみ）の処理は従来は無料で行っていた市町村が多かったから、その有料化は、住民からかなりの抵抗があった。しかし、廃棄物量処理業務において、①最終処分場（埋め立て処分場）が不足したこと、②廃棄物処理費用が増大したこと、が大きな問題となった。そこで、最終処分量の削減と廃棄物処理費用調達のため、家庭ごみ処理を有料化する市町村が増えたのである。

　　家庭系一般廃棄物有料化に伴い排出者が負担する経済的負担は、手数料と租税に分類できるであろう。日本では主としてごみ袋の価格として徴収される従量型の負担は、手数料である。定額制の負担は、個人住民税均等割りに類似した徴収方法が採られることが多く、この場合は租税（目的税）とみることができる。

　　前章では、地域的な環境に負担を掛ける行為に課す公的負担を地域環境税と呼ぶこととした。

家庭系一般廃棄物排出の負担は、地域環境税と呼ぶに相応しい内容をそなえていることが多いと考えられる。また、この概念は、家庭系一般廃棄物排出の負担を前提に構想したものである。

以下は、家庭系一般廃棄物排出負担の全体的な実態を提示し、その性質を考える材料を提供する。併せて、関連の研究等も参照する。

(2) 全国都市からの回答

本調査は、ごみ処理有料化の実態を把握するために、全国の都市および特別区を対象に、アンケート調査を実施（質問票の郵送）したものである。このアンケート調査の実施に当たっては、調査の徹底を期すため、（財）地方自治研究機構のご支援を得た。

アンケート調査の回収率は郵送による返送が80%にのぼった。その後、未回収の市区に対して電話による聞き取り調査を実施し、回答率は100%となり、全国671市、23特別区全てから回答を得た（表Ⅳ－1参照）。この種の調査は幾つかあるが[1]、全調査対象から回答を得たものは知られていない。今回の調査では、2000年時点の全都市（特別区を含む、以下同じ）のごみ処理有料化の実態を良く示す、重要な資料が得られた。

■調査の結果の概要■

・有料化の現状と動向

約20%の都市がごみ処理を有料化している。さらに、同数に近い都市が有料制度を導入する予定である。

・有料制導入時期

有料制の導入時期は、1990年代の後半が半数を占める。2000年10月までに導入した都市を含めると、60%以上の都市が比較的近年に有料化を行っている。

・料金（手数料）水準

単純従量制の都市が課している大袋（45ℓが中心）1袋当たりの料金は、40円台が約3分の1を占め、20～60円の価格帯で90%近くを占めている。

・行政評価

ごみ処理行政に対する行政評価の必要性については、肯定的評価が60%を越えている。評価基準としては、廃棄物排出量の抑制が圧倒的に多く、廃棄物の再生利用率向上と、住民の環境意識向上がこれに次ぐ。住民意識が行政当局にとって大きな関心事項である。

（3）有料制は8種類のパターン

　家庭ごみの有料化について、参考になる落合由起子の調査・研究がある。そこで示された家庭ごみ有料制度の類型を以下の図表のような（1）〜（6）の6つに分類している。わかりやすくするために、（7）、（8）は著者が定額制に関する概念図をつくった。

　　　図表Ⅳ－1．有料制のパターン図（8種）

（1）排出量単純比例型

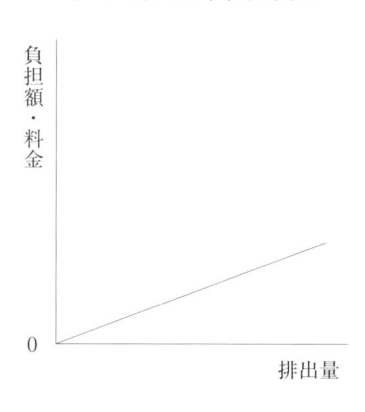

（1）排出量単純比例型
　ごみの排出量に応じて比例的にごみ処理費用を払うもの。

（2）排出量多段階比例型

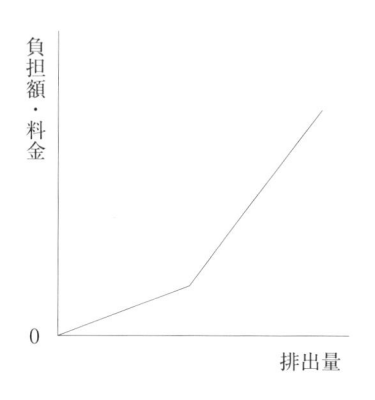

（2）排出量多段階比例型
　一定量までの排出に関しては、単位当たりの手数料が、一定量を越えると急激に高くなるもの。

（3）一定量無料型

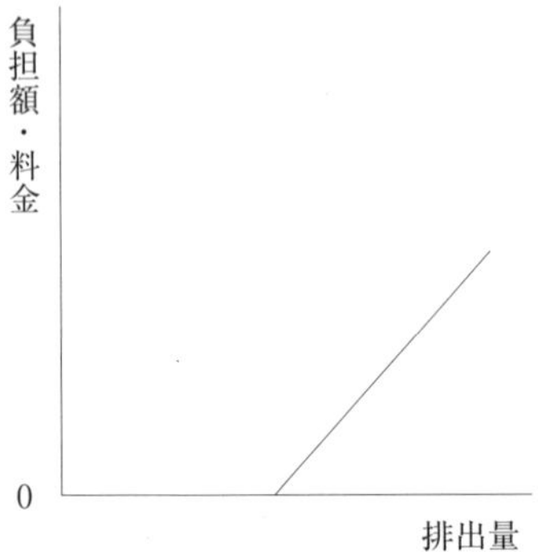
負担額・料金
0
排出量

（3）一定量無料型

ごみ袋やシールを一定枚数までは無料配付し、それ以上は有料となる仕組み。

（4）負担補助組合せ型

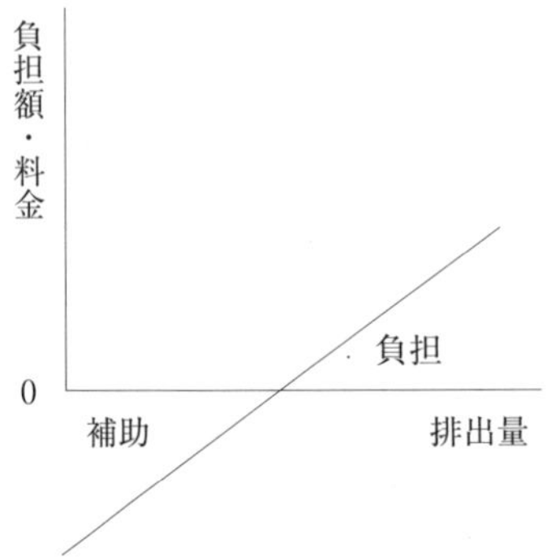
負担額・料金
負担
0
補助
排出量

（4）負担補助組合せ型

一定量無料型と基本形は同じであるが、使用しなかった袋については市が買い取る仕組。

（5）負担補助組合せ型（屈折型）

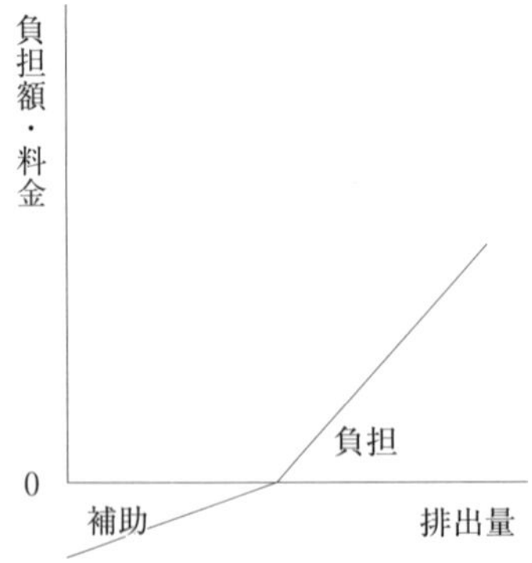
負担額・料金
負担
0
補助
排出量

（5）負担補助組合せ型（屈折型）

負担補助組合せ型と基本的には同じであるが、余った袋を市が買い取る際の単価と、不足した袋を市民が購入する場合の単価が異なる（市民が買う方が高い）仕組み。

IV章　自治体のごみ処理行政

（6）定額制従量制併用型

負担額・料金／排出量

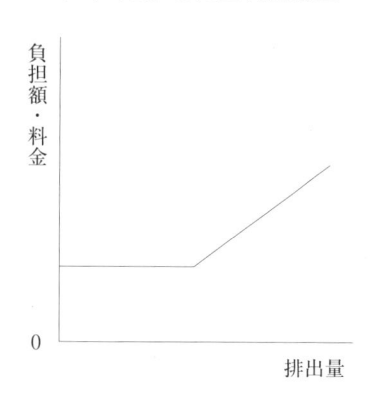

（6）定額制従量制併用型
　排出量に係わらず定額の料金を支払うが、一定量を越える部分に関しては排出量に応じて料金を支払う仕組み。

（7）定額制（世帯定額）

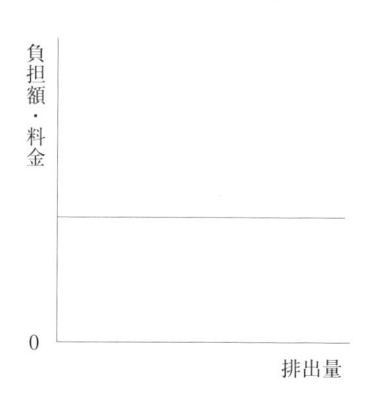

負担額・料金／排出量

（7）排出量と負担額が関係しない世帯当たり定額の場合。

（8）定額制（世帯人数比例）

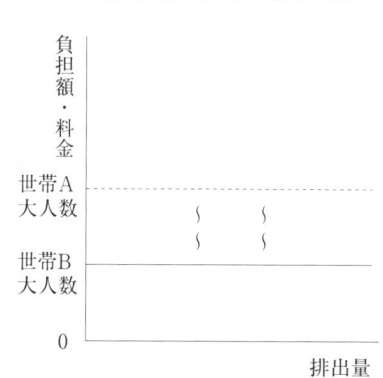

負担額・料金
世帯A大人数
世帯B大人数
／排出量

（8）人員当たり定額
　複数の負担水準線が存在する。

79

■有料化の定義■

今回の調査では、ごみ有料化を以下のように定義した。

「条例や条例施行規則に基づいて、指定袋の販売価格に袋の製造原価のほかに実質的なごみ処理手数料を織り込んだ金額を従量制で徴収することおよび処理券を用いて従量制でごみ手数料を徴収すること。」

この定義では、定額制による経済的負担は有料制に入れないこととなる。

有料制か否か判断が別れるものに、「指定袋制」がある。

指定袋制とは、地方公共団体で作製したごみ袋の使用を求めるが、ごみ袋の売り上げ代金は地方公共団体の財政収入にならないものを言う。これは、排出者が指定されたごみ袋等の購入代金を半強制的に支払うことになるので、従量の有料制としてもよいという論もある。

しかし、有料とは、価格を付すということである。すなわち、商品の消費に応じた経済的負担を課すことである。

ごみが無料で収集されると言う場合、ごみ処理に必要な費用は税金によって賄われている。その場合、ごみ処理サービスに対する直接的経済的負担はなくとも、労働力の形で幾らかの負担を行っている。市販のごみ袋を使用する場合には、何らかの金銭支出（経済的負担）も発生している。使用するごみ袋に関する規定がなく、レジ袋等の使用が認められている場合でも、その費用は買い物の代金の中に（明示的にではなくても）含まれていると考えることができよう。

すなわち、指定袋制でなくともごみ袋の購入は必要となる場合が多く、その他の負担も存在する。

それゆえ、ごみ袋の製造・販売費用を越える売り上げがあり、それが財政収入となるか否かを、有料制の目安としたのである。また、財政収入の有無は、それが行政費用を賄いえるか否かについては、決定的な要因となる。

(4) アンケートの設問

アンケートの質問は、記入者（回答者）欄以外に5問からなる。各問の中で、幾つかの下位の質問がある構成である。

Ⅳ章　自治体のごみ処理行政

■問1　収集方法■
　問1は、家庭系一般廃棄物（可燃ごみ、不燃ごみ）の収集方法について聞いている。そして、その方法を何時から採用しているか聞いている。調査側が設定した収集方法（無償も含めた課金の体系）の選択を行うものである。この質問は、最も基本的な質問であり、本アンケートの根幹である。
　何を以て有料制とするかは、本アンケートの定義は、他の研究者等の定義といくらか異なっている。この点については、次項で扱う。

■問2　指定袋■
　問2は、指定袋制（収集は無料だが、袋は指定している。袋の売り上げ代金は、区市には入らない）と回答した都市に、その詳細を聞いている。指定袋制採用の理由、名前の記入、その励行状況である。これは、補足的性格が強い。

■問3　従量制■
　問3は、従量制の有料制を採用している都市への質問である。先ず第1に、有料制の詳細について聞いている。これが、問3の中心的質問であり、有料制の具体的姿を聞いている。次の質問は、有料制導入の目的である。そして、有料制導入について常に問題となる、有料制の効果を聞いている。有料化の初年度のごみ量の増減状況（6段階から選択）と、直近年のごみ量の変化を聞く形で、導入時と平年時の対照を試みている。その他、有料制導入前後の状況について幾つかの質問をしている。

■問4　有料制の評価■
　問4は、有料制（アンケートで定義するもの）を採用していない都市に、有料制の評価を聞いている。また、導入予定を聞いている。
　以上4つの設問では、問1を出発点に、廃棄物の収集方法による都市分類毎に詳細を聞いている。比較的単純な構成である。問5は、共通質問として、廃棄物行政に関する行政評価を聞いている。

2. 家庭系一般廃棄物収集方法（問1）

（1）従量有料制の3パターン

■各自治体の収集方法■
　問1では、家庭系一般廃棄物の収集方法を聞いた。ア～カの6つ

の選択肢を示した。

> ア．無料・袋自由、イ．指定袋、ウ．定額有料制、エ．超過量は有料、オ．単純な従量有料制、カ．段階式従量有料制、キ．その他（書き込み可能な選択肢）

選択肢は、排出抑制効果が低いと思われる順に配列しようとして、負担感が少ないものから並べた。しかし、定額有料制と指定袋制とでは、後者の方が抑制効果は大きいかもしれない。一定量を越えると有料となる超過量方式は、一定量の定め方や、有料となる袋の単価で効果が変わってくるので、一応の目安である。

現在のごみ処理収集方法は、図表Ⅲ－1の通りである。671市、23特別区の全てから回答を得た。町村や一部事務組合は調査対象に入っていない。

本アンケートで有料化と定義した制度は、3つで上記エ～カで、前章の(1)～(3)の方法に対応している。これを採用している都市は135で、回答数の19.5%となっている。定額有料制を採る都市は極く僅かで、全体の79.8%がこのアンケートの定義では無料の都市である。

指定袋制を採る都市がかなり多い（41.8%）。有料制の都市と併せると61.3%となり、排出抑制に資すると思われる制度を採用している都市が多数を占めていると言える。

又、現在の制度に関する問に加えて、現在の制度に移行した時期を聞いている。全都市がこの質問の対象であるが、有料化が進展した時期を知ることを主たる狙いとしている。結果は、図表Ⅳ－2の通りである。1990年代の後半以降に有料化した都市が多かった。

(2) 浸透する有料制

有料制を採用している都市は135（19.5%）あった。有料制に該当する選択肢は既に述べた通り3つである。

これらは、排出抑制効果を有し、廃棄物処理事業の経費を賄う可能性があるので、地域環境税に分類できる。

第1が「単純従量方式」で、排出者のごみ処理負担額が、ごみ排出量（ごみ袋使用枚数）と単純比例するものである。最も単純な形で、これが有料制の基本形である。この制度を採っている都市は

IV章　自治体のごみ処理行政

図表IV－2．全都市における家庭ごみの収集方法（アンケート調査結果）

2000年10月時点（同8月実施＝郵送）

類　型	都市数	比率%	比率%	備　考
有料化都市	135	19.5	100.0	有料制を導入した都市とは、以下3類型である。
内訳　単純従量方式	104	15.0	77.0	単純に排出量に比例して負担が決まる。
超過量方式	26	3.7	19.3	一定量を越えてから、負担が始まる。
二段階方式	5	0.7	3.7	一定量を越えると、料金が上がる。
定額有料都市	5	0.7	──	有料制とは言えないが、経済的負担はある。
無料の都市	554	79.8	100.0	ごみ処理のための明示的負担は無い。
内訳　指定袋制	290	41.8	52.3	都市がごみ袋を作成してその使用を強制する。
非指定袋制	264	38.0	47.7	全く自由の場合、透明等一定の要件がある場合。
調査票回答数	694	100.0	──	回収率100％、郵便調査、電話調査で補足した。
調査票発送先	694	100.0		671市、23特別区を対象に調査を行った

104（15.0％）である。有料制を採用している都市の中では77.0％と、圧倒的多数を占めている。単純でわかり易い方式である。

　第2の「超過量方式」とは、ごみの排出が一定量を越えると、越えた量について有料となるものである。採用している都市は26で、全体に占める比率は3.7％、有料化している都市の中では19.3％と約5分の1である。負担を回避するために、一定数量以上のごみ排出を抑制することを期待するわけである。しかし、無料配付の袋の枚数が多いと、ごみ排出抑制の効果は薄い。無料で配付する枚数の設定は、超過分の袋の料金水準によって、制度の効果が変わってくるものと思われる。

　第3は、「2段階方式」で、初めから有料であるが、ごみ排出が一定量を越えるとより高い料金となる。排出抑制効果は3つの方式の中では最も高いが、採用している都市は少ない。こちらも、各段階の料金水準都、料金が変わる数量（ごみ袋の枚数）の設定次第で、制度から期待できる抑制効果が変わってくる。山谷の調査によると、

第1段階（相対的に廉価）のごみ袋の配付は、自治会を通じて配付・販売したり、一定枚数までは廉価で購入できる引換券の配付を以て行われている。

「定額有料制」は、世帯ないし個人を単位に、一定期間毎（1ヶ月毎）に定額の負担を求める方法である。ごみの排出量と負担が関係なく、定額の負担となることから、ごみの減量インセンティブは殆ど働かない。廃棄物の排出抑制効果が期待できないことから、質問票には「定額有料制」とは表現したが、本アンケートで言う有料制には入れていない。この方法はむしろ古い方法であり、財源に乏しい地方公共団体では、定額制の負担方法によって廃棄物処理費用の一部を賄っていたところがあったようである。この方法は、段々に従量制へ切り換えられていく方向にある。定額制を採用している都市は5つで、全体の0.7%にしか当たらない。

「指定袋制」は、自治体が作製または推奨したごみ袋の使用を求めるが、ごみ袋の売り上げ代金は自治体の財政収入にならないものを指す。この指定袋制は、住民の目から見れば、比較的低い料金で有料制を導入しているとも見える。都市にもよるが、流通経費を含めれば1袋10円程度の料金になるようである。効果は低いが、一応排出抑制に資するものであり、これを有料制に入れる研究者もいることは既に述べた。質問票で設定した分類の中では、指定袋制を採用している都市が最も多く290を数える。本アンケートで有料化と分類する都市の2倍以上であり、全体の41.8%を占める。

指定袋制も有料制に入れるのであれば、有料制の都市は61.3%に達する。過半数をかなり越え、3分の2に迫ることになる。しかしこの方式では、流通経費も含む原価で頒布するのが原則となる。製造原価の上昇以外には、頒布価格（料金）を引き上げる根拠に乏しく、事業経費を賄うことを重視する地域環境税には分類できない。

「無料・自由」（図表Ⅳ-2では、非指定袋制）のケースには、ごみ収集が無料でありごみ袋にも制限が無いものと、半透明袋など一定の条件を備えたごみ袋を使用することを求めるものが含まれる。ここに分類される都市は264あり、全体の38.0%を占める。住民にとっては、この方法が最も面倒が少ない。

しかし、まだかなり多いとは言え、廃棄物排出抑制や（同じことであるが）リサイクル促進の観点から、段々に有料化ないし指定袋制に切り換えられていくものと思われる。

(3) 制度の開始時期

　有料化した時期を見ると（図表Ⅳ-3参照）、有料制を採用している都市の60％以上が、1990年代の後半以降に現行制度に移行している。有料制の採用が広がったのは、比較的近年のこととしてよいであろう。

　郵送の回答が得られなかった都市に電話調査を行った際、2000年の10月以降有料化すると回答した都市も数件あった。後述する、有料制の導入に関する回答も勘案すれば、今後とも、かなり有料制の拡大が考えられる。

　有料化した都市の内13市は2000年の10月までに導入している。68市が1990年代後半に導入している。ここまでで、60％以上を占めているが、1990年代前半の21市を加えると、4分の3以上を占めることとなる。

　135の有料制を採用している都市の内2都市からは、本設問への回答は得られなかった。2都市共「超過量は有料」としている都市であった。

図表Ⅳ-3．全都市の有料化件数推移

2000年10月時点

有料化した年代	都市数	比率%	累　計	左記%
2000年10月まで	13	9.8	13	9.8
1990年代後半	68	51.1	81	60.9
1990年代前半	21	15.8	102	76.7
1980年代	7	5.3	109	82.0
1970年代	18	13.5	127	95.5
1960年代	6	4.5	133	100.0
回答都市合計	133	100.0	133	100.0

（4）地域的特徴

　都市における家庭ごみの収集方法を全体で見ると、図表Ⅳ－2の通りである。これを県別に集計し直したのが、図表Ⅳ－4である。一番左の欄に都道府県名を示した。東京都は23区とそれ以外（都下）に分けた。次の欄が、その内、有料制の都市が占める比率と有料制都市の総数および各方式の都市数内訳を記入してある。更にその右が定額負担式の都市数である。これは数が少ないので、比率は示していない。その次が指定袋制の都市数とその比率、最後が無料・自由の都市数とその比率である。

　各々の比率は、各都道府県の都市数が母数であり、定額制の都市も母数に含まれる。各都道府県の都市数を母数にした比率を出した場合、都市数の少ない県では1都市の比重が高くその結果の読み方には慎重を要する場合もあるが、比較の便のため、比率（百分比）で見ていくこととした。

■無料・自由の袋で収集は多い■

　先にも述べたように、指定袋制に一定の排出抑制効果を認めることもできる。袋が無料かつ自由の場合、排出抑制効果を殆ど持たないとされるが、この制度を採用している都市の比率が高い（50％以上）都道府県は、17ある。

　多くは関西（2府、3県）、中国（3県）、四国（2県）地区に所在している。その他、北海道、埼玉、東京都下、神奈川、新潟、石川および沖縄もこの部類に入る。関西・中国地区では、滋賀、和歌山、島根、山口がこの例外であり、これらの地域の中では、財政力が弱い地域の方がごみ排出抑制等に関心が強いことを伺わせる。産廃税導入で話題になった三重県の無料・自由の比率が高い（69.2％、13市中9市）ことは、興味深い。

■有料制採用は西瀬戸地区が多い■

　有料制を採用している都市の比率が高い県（50％以上）は、西瀬戸地区に多く、該当する7県中、5県がこの地区に属する。四国に2県（愛媛、高知）、九州に3県（福岡、佐賀、長崎）所在している。（北）九州と行動を一緒にすることが多い山口県は有料制採用都市の比率が低く、この点では傾向が異なっている。九州の中でも佐賀県は有料制導入都市の率は100％である（全て単純従量制）。

　九州地区（福岡県）で行ったヒアリング（都市対象）では、最終

処分場の枯渇に悩んでいる旨の発言があった。これが、九州地方で有料制の導入が進んでいる理由かとも思われる。他の2県は、山形県と岐阜県である。

■東北・中部の排出抑制型■

地域という目で見ると、有料制の都市を有する比率では、東北地方における山形県、中部地方における岐阜県の比率は飛び抜けている。しかし、指定袋制と有料制を合計して見ると、石川県を除く中部地方は一般に指定袋制の採用率が高い（無料・自由の比率が低い）。東北地方も、福島県の無料・自由率が40％とやや高いものの、比較的排出抑制的なシステムを採用していると言える。この両地域は、むしろ排出抑制への関心が高い都市が多いと言えるであろう。

全体として見ると、東北、中部は廃棄物の排出抑制に資する収集方式を採用していると言えそうである。

また、北九州、西四国は抑制措置がかなり強力との印象を受ける。反面、例外はあるが、関西、中国、東四国は排出抑制的効果を持つシステムは比較的採られていない。

北海道にも同様の印象を有する。伊達市等、ごみ有料化の先進都市を抱えているだけに意外であった。

沖縄も無料・自由の都市が10市中7市と圧倒的に多くなっている。南関東では、むしろ有料制を採っている都市が少ないことが特徴と思われる。

Ⅳ章 自治体のごみ処理行政

図表Ⅳ－4．都道府県別ごみ処理の課金制度（都市）

(表1)

都道府県	県内都市数	有料都市%	有料化都市数：内数	単純従量制	超過量方式	二段階方式	定額負担式	指定袋制都市	指定袋制%	無料・自由	無料自由%
北海道	34	14.7	5	5	0	0	1	8	23.5	20	58.8
青森県	8	12.5	1	1	0	0	0	6	75.0	1	12.5
岩手県	13	0.0	0	0	0	0	0	9	69.2	4	30.8
宮城県	10	0.0	0	0	0	0	0	10	100.0	0	0.0
秋田県	9	11.1	1	1	0	0	0	8	88.9	0	0.0
山形県	13	61.5	8	8	0	0	0	5	38.5	0	0.0
福島県	10	10.0	1	1	0	0	0	5	50.0	4	40.0
茨城県	20	15.0	3	2	1	0	0	12	60.0	5	25.0
栃木県	12	8.3	1	1	0	0	0	6	50.0	5	41.7
群馬県	11	0.0	0	0	0	0	0	9	81.8	2	18.2
埼玉県	43	7.0	3	3	0	0	0	16	37.2	24	55.8
千葉県	31	19.4	6	4	2	0	1	17	54.8	7	22.6
東京都23区	23	0.0	0	0	0	0	0	20	87.0	3	13.0
東京都23区外	27	7.1	2	2	0	0	0	2	7.2	23	85.2
神奈川県	19	0.0	0	0	0	0	0	5	27.3	14	72.7
新潟県	20	20.0	4	3	1	0	0	4	20.0	12	60.0
富山県	9	22.2	2	2	0	0	0	7	77.8	0	0.0
石川県	8	37.5	3	2	1	0	1	0	0.0	4	50.0
福井県	7	0.0	0	0	0	0	0	5	71.4	2	28.6
山梨県	7	0.0	0	0	0	0	0	5	71.4	2	28.6
長野県	17	23.5	4	2	2	0	0	13	76.5	0	0.0
岐阜県	14	50.0	7	4	2	1	0	6	42.9	1	7.1
静岡県	21	4.7	1	0	0	1	0	14	66.7	6	28.6
愛知県	31	16.1	5	2	3	0	0	18	58.1	8	25.8

Ⅳ章　自治体のごみ処理行政

(表2)

都道府県	県内都市数	有料都市%	有料化都市数：内数	単純従量制	超過量方式	二段階方式	定額負担式	指定袋制都市	指定袋制%	無料・自由	無料自由%
三重県	13	0.0	0	0	0	0	0	4	30.8	9	69.2
滋賀県	7	42.9	3	0	2	1	0	2	28.6	2	28.6
京都府	12	8.3	1	1	0	0	0	2	16.7	9	75.0
大阪府	33	9.1	3	0	3	0	0	10	30.3	20	60.6
兵庫県	22	18.2	4	2	2	0	0	3	13.6	15	68.2
奈良県	10	20.0	2	2	0	0	0	1	10.0	7	70.0
和歌山県	7	42.9	3	3	0	0	0	2	28.6	2	28.6
鳥取県	4	25.0	1	0	1	0	0	1	25.0	2	50.0
島根県	8	37.5	3	1	2	0	0	4	50.0	1	12.5
岡山県	10	10.0	1	1	0	0	0	2	20.0	7	70.0
広島県	13	7.7	1	0	1	0	0	3	23.1	9	69.2
山口県	14	28.6	4	2	1	1	1	7	50.0	2	14.3
徳島県	4	0.0	0	0	0	0	0	2	50.0	2	50.0
香川県	5	20.0	1	1	0	0	0	1	20.0	3	60.0
愛媛県	12	50.0	6	5	1	0	0	4	33.3	2	16.7
高知県	9	66.7	6	6	0	0	0	2	22.2	1	11.1
福岡県	24	70.8	17	17	0	0	1	5	20.8	1	4.2
佐賀県	7	100.0	7	7	0	0	0	0	0.0	0	0.0
長崎県	8	50.0	4	3	1	0	0	1	12.5	3	37.5
熊本県	11	27.3	3	3	0	0	0	3	27.3	5	45.5
大分県	11	18.2	2	2	0	0	0	5	45.5	4	36.4
宮崎県	9	33.3	3	2	0	1	0	4	44.4	2	22.2
鹿児島県	14	7.1	1	1	0	0	0	11	78.6	2	14.3
沖縄県	10	20.0	2	2	0	0	0	1	10.0	7	70.0
全国計	694	19.5	135	104	26	5	5	290	41.8	264	38.0

3. 指定袋制（問2）

（1）指定袋制の現状

　問2では、指定袋制を採用している都市290（全都市の41.8％）に、①その目的、②排出者の名前の記入の有無、③名前を記入していなかった場合の措置を聞いている。結果は、以下の図表の通りである。

　指定袋制採用の目的としては、分別の徹底が最も多い。可燃ごみと不燃ごみ、そして資源ごみの分別の徹底を意味する。次が、ごみ減量化であり、上位2つは、ごみ減量にかかわる選択肢である。第3位が作業員の安全確保であるが、その間ははっきりと差がついている。

　収集袋への名前の記入の励行状態と、名前の無記入に対する厳しい措置の間には高い関係が見られる。

　指定袋制の導入は、ごみ排出抑制が目的であることは有料制と同じである。しかし、直接に減量を狙うというよりも、そのプロセスについて効果があると考えられていると解してよいであろう。

（2）指定袋制導入の目的

　指定袋制導入の目的としての選択肢は、7つ用意した。

ア．作業員の安全確保、イ．作業能率の向上、ウ．分別の徹底、エ．美観の確保、オ．焼却時における有毒ガスの軽減、カ．ごみ減量化、キ．その他（記入式）

　ア〜エは、ごみ袋を規格化することによって得られるメリットと考えることができる。

　オは、袋の成分を都市側で決めることによるメリットである。アも、ある程度これに属する（透明、半透明袋等の製造）。

　カは全体的効果と言える。

　指定袋制採用の目的としては、分別の徹底が最も多い。これは可燃ごみと不燃ごみ、そして資源ごみの分別の徹底を意味する。指定袋制を採用している290都市が母数であるが、本問に無回答の都市

も20弱あるので、「分別の徹底」を目的として選択した都市、224市は回答数の80％を越している。次に多いのはごみ減量化で、これを選んだ都市は124市である。この上位2つは、ごみ減量にかかわる選択肢である。分別の徹底を指定袋制導入の目的に挙げなかった都市も50に及ぶ。このような都市が挙げた目的は、作業員の安全確保とごみ減量化の組み合わせが多い。

第3位が作業員の安全確保であるが、その間ははっきりと差がついている。以下、作業効率の向上（38市、第4位）、有毒ガス発生の軽減（33市、第5位）、美観の確保（17市、第6位）と続く。その他の項目の記入式回答としては、焼却炉への配慮、他種類のごみとの区別（事業系と家庭系、越境ごみの判別）、環境衛生への配慮といった回答があった。

図表Ⅳ－5．指定袋制採用の理由（2つまで選択）

理　　由	回　答　数	回答比率
分別の徹底	224市区	41.0％
ごみ減量化	124市区	22.7％
作業員の安全確保	95市区	17.4％
作業効率の向上	38市区	7.0％
焼却時における有毒ガス発生の軽減	33市区	6.0％
美観の確保	17市区	3.1％
その他	15市区	2.7％
合　　計	546市区	――

(3) 名前の記入

本問への回答数262の内、200市がそもそも名前の記入を求めていないとしている。求めてはいるが、無記入の袋も集めるとしている回答が44、約6分の1である。これは形式的に求めているだけと言える。

ごみ袋への名前の記入を求め、無記入袋は収集しないという都市は18ある。これは回答数の6.9％に過ぎず、かなりの少数派である。そして、名前の記入の励行状況を見ると90％以上との回答が18あり、無記入袋は収集しないという回答を寄せた都市数と一致する。しか

し、福井市（福井県）は、無記入袋は収集しないという回答を寄せた都市の中では唯一名前の記入率が75％以上との回答が寄せられている。京田辺市からは名前記入の励行状況に関する回答がなかった。鴨川市（千葉県）と花巻市（岩手県）は、記入を求めるが無記入の袋も集めるとしている都市であるが、記入励行率が90％を越えるとの回答を寄せている。

名前を記入していないごみ袋は収集しない18の都市で、京田辺市を例外として、大都市圏に属す都市は殆どない。松本市や福井市のようにかなりの規模を有する都市も含まれるので、必ずしも中小都市の慣行とも言えないが、大都市圏には珍しいと言えよう。長野県、静岡県には4市、鹿児島県3市、島根県、福井県各2市（青森県、岩手県、京都府各1市）と見ていくと、少数なので信頼できる傾向値を見いだすことはできないが、何らかの地域性を推測したくなる。

図表Ⅳ－6．一般廃棄物収集袋への名前記入の要請

要請状況	回答数	回答比率
求めていない	200市区	76.3％
求めるが、無記入袋も収集している	44市区	16.8％
求めており、無記入袋は収集しない	18市区	6.9％
合計	262市区	——

図表Ⅳ－7．一般廃棄物収集袋への名前記入の励行状態

要請状況	回答数	回答比率
90％以上	18市区	32.1％
75％以上	6市区	10.7％
50％以上	6市区	10.7％
25％以上	8市区	14.3％
25％未満	18市区	32.1％
合計	56市区	——

4．従量制（問3）

問3では、従量制の有料化を採用している都市に対して、各々の制度（超過量制度、単純有料制、段階式有料制）について、その詳

細を聞いている。また、制度導入の目的、効果、反応についての設問を設けている。

（1）袋やシールの制度

従量制の有料化を採用している都市に対して、超過量制度、単純有料制、段階式有料制毎に、その詳細を聞いている。

①超過量有料制

一定量を超過すると有料になる都市は26ある。この26市に対して、何枚から有料か、1枚当たり幾らか（大袋を単位とした）を聞いている。

超過量有料制の都市の地域分布を見ると、中部・関西に比較的多く、北海道・東北には見られない。大阪、愛知が各々3市を擁しており、千葉、長野、岐阜、滋賀、兵庫、島根は各々2市ある（県別分布は、図表Ⅳ－4の該当欄参照）。

どの都市も、世帯を対象として、無料配付のごみ袋（ないしシール）の枚数を定めている。その際、世帯構成人数を配慮して枚数を決める都市（11市）と、配慮した旨が回答に無かった都市（15市）がある。世帯の構成人員を勘案する場合には、配付枚数のランクは、2段階制を採る都市から、6段階制を採る都市（1市）まであるが、3ないし4段階としている都市が比較的多い。

ごみ袋の無料配付枚数の平均

図表Ⅳ－8．超過量有料制

何枚目から有料か[1]	超過分料金	備　考　　◆：世帯人口配慮あり
121	15	
111	180	
131	170	
101	50	◆
161	30	
171	120	◆
111	70[2]	◆　シール
109	100	
131	150	◆
81	50	
101	110	
121	100	
104	100	
101	60	
111	100	◆　45ℓ袋用、シール
111	100	◆　45ℓ袋用、シール
111	100	◆
71	100	◆　シール
111	350	※最高料金
101	100	
151	50	
101	40	袋（シールは1枚から有料）
81	50	◆
51	40	可燃ごみ、不燃21～
111	100	◆可燃ごみ、不燃21～
31	20	

注1．世帯人員に配慮ありの場合、4人家族ないし平均世帯を対象として本表作成
注2．枚数補充調査（ホームページ）

値は、107.6枚である。週に2枚程度の配付枚数が平均的なところと言えよう。週に2回のごみ収集とすれば、1回1枚程ということになる。

101枚の都市が5市、111枚の都市が7市あり、中間の104,109枚を含めると14市となり、過半数を越える。一番少ない都市では年間31枚、一番多い都市では171枚となる。2週間に1枚（強）から1週間に3枚（強）までの配付枚数であり、6倍弱とかなり幅が広いと言える。

無料配付枚数を越えた分に対する料金の平均値は94.4円である。単純従量制の都市の平均が38.0円であるから、当然とはいえ、かなり高い水準にあるといえる。超過量に対する袋（あるいはシール）1枚当たりの料金は100円の都市が9市と最も多い。最も安い料金は15円であり、最も高い料金は350円であり、非常に幅が広いと言えよう。

無料配付枚数が少ない都市の超過料金は比較的安く、多い都市は比較的高いものと想定していたが、必ずしもそうではない。15円と、最も安い料金を付けている都市の無料配付枚数は121枚である。排出抑制効果は小さいと思われるが、租税抵抗が強いのであろう。

2番目に無料配付枚数が多い都市（161枚）の超過料金が1枚30円であるのも、やはり排出抑制効果が低いと思える。こういう都市ではごみ有料化への抵抗感が強いのかとも思える。

350円と、最も高い料金を付けている都市の無料配付枚数は111枚であるが、これは妥当と思える。無料配付枚数が最も少ない都市と2番目に少ない都市の料金が低い（20円、40円）のは頷けるであろう。

②単純な従量有料制

単純な有料制を採用している都市は104ある。これらの都市に対しては、ごみ袋1袋当たりの料金を聞いた。

ごみ袋の料金で最も多いのは40円としている都市であり、27市ある。それ以外の40円台の都市が8市あり、40円台の都市は35市と、3分の1以上の都市がこの料金帯を採用している。20円、30円、50円を採用している都市が13ずつある。その他、20円台が5市、30円台が6市、50円台が2市である。40円台、30円台、20円台、50円台の順に、採用されている料金水準が多くなっている。料金は、20円

図表Ⅳ-9．従量制有料制の料金
（大袋）

料　金	都市数	備　考
5円	1	
15円	4	
17円	1	
18円	1	
19円	1	
20円	13	
21円	1	
25円	4	
30円	13	
32円	1	
33円	1	
35円	2	
38円	2	
40円	27	注1、2
42円	1	
45円	4	
46円	1	
47円	1	
48円	1	
50円	13	
52円	1	
55円	1	
60円	4	
70円	1	税別
71円	1	
80円	2	共に北海道
100円	1	不燃
平均38.0円	104	注3、4

注1．1市は税別
注2．1市不燃は50円との追記あり
注3．平均（Σ料金×都市数）÷都市数
注4．税別は、計算時に考慮せず

から55円までの都市が87市と、全体の83.5％を占めており、平均値（38.0円）もここに含まれる。

　最も高いのは、山口県にある都市の1袋100円であるが、不燃ごみに対する料金である。不燃と可燃で料金が異なる場合、不燃ごみの料金の方が高いようである。次に高い料金は80円で、北海道の2都市がこの料金を採用している。

　図表Ⅳ-9は、料金が低い方から価格水準別に都市数を記入したので、この表からは地域差は分からないが、九州と北海道に、比較的高い料金を設定している都市が目立つ。最も安いのは5円でこれは1市である。次いで安いのは15円で、4都市がこの料金である（愛知県2都市、千葉県、山口県各1都市）。

　ごみ袋の製造・流通費用は、都市にもよるが、大体1枚10円程度であるという。1枚5円の料金では、山谷・和田の調査では、有料制の名に値しないものとなる。都市により、解釈や原価は異なるのであろう。この1市を除けば、残りは、1枚15円以上と、一定の財政貢献が期待しえる水準となっている。このアンケート調査を含む、全体調査の一環として九州地区での実態調査（訪問インタビュー調査）を行ったが、ゴミ袋をロール式で製造する方法の開発等、袋の製造費用の削減にも相応の努力が行われていた。

③段階式従量有料制

　段階式の従量有料制を採用している都市は5つある。段階式とはいっても、二段階式であり、多段階と言えるシステムを回答してきた都市はない。理論的にはあり得るが、実際的ではないのであろう。これらの都市の所在地は、岐阜、静岡、滋賀、山口、宮崎の各県に渡る。関東、東北、北海道には存在しないとは言えるが、それ以上の地理的分布の特徴は無いといえるであろう。

　これらの都市では、1都市を除き、一定枚数超過後の料金は、最初の段階でのごみ袋1袋当たりの料金の7倍程度になっている。20円から150円（2都市、県は異なる）、7枚50円から1枚50円へ、5円から35円である。例外の都市は、6円から300円と、50倍になり、料金水準の高さとあいまって禁止的料金と言えるであろう。

　初期の配付枚数は、平均して年間103.8枚である。85〜121枚であるから、一定の幅に納まっていると考えて良いであろう。第1段階の料金水準は、平均して11.6円であり、単純従量制との比較ではかなり低い水準にある。第2段階の料金水準は、平均して137.0円であり、こちらはかなり高い水準になっている。このような料金設定は、段階式という性格から当然ではある。

　このような料金設定方式の下では、かなりの排出抑制効果が期待できるであろう。但し、採用している都市はいかにも少ない。また、最初の枚数を一括して配付し、支払いを要求するのであれば、一種の二部料金制の性質を持つかもしれない。

図表Ⅳ－10．段階式従量有料制の都市

所在県	第1段階を越える 年間使用数	第1段階の1枚の 料金（大袋）A	第2段階の1枚の 料金（大袋）B	倍数 B÷A
岐阜県	1人世帯　　81枚〜 2〜5人　　101枚〜 6人以上　　111枚〜	6円	300円	50倍
静岡県	可燃　　　101枚〜 不燃　　　21枚〜	20円	150円	7.1倍
滋賀県	111枚〜	20円	150円	7.1倍
山口県	1ヶ月　　8枚〜 （年間換算85枚〜）	1枚　7.1円 （月7枚50円）	50円	7倍
宮崎県	121枚〜	5円	35円	7倍
平　　均	103.8枚	11.6円	137.0円	――

（2）従量制有料化の目的

　　　ごみ有料化の目的を、有料制を導入している都市に聞いた。用意した選択肢は、「ごみ減量による埋め立て処分場の延命」「ごみ減量による経費節減」「減量努力する人としない人の負担の公平化」「市民の環境意識の高揚」「施設の維持管理費等の確保」の5つおよび「その他（記入式）」であった。

　　　その中では、「施設維持管理費等の確保」と「その他」を選択する都市は少なかった。他の4項目の選択肢では大きな差は出ず、4つの選択肢に比較的均等に回答が分散した。しかし、その中でも、「負担の公平化」27.1％が比較的高い支持を集めた。「市民の環境意識の高揚」という回答は20.5％の回答率を得た。両者を併せると、市民の意識に係わる選択肢への回答は50％に迫る。他の設問に対する回答も併せて考えると、ごみ処理を担当する都市の部局においては、「市民の意識」を、かなり重要な要素として捉えていると思われる。

　　　埋め立て処分場の延命と経費節減は、どちらの選択肢にも「ごみ減量による」という形容詞がついている。有料化の目的として「ごみ減量」とのみ書くと、全てこれに○が付くと思われたため、設問を分けたのである。両者の中では処分場の延命がやや多い。都市のごみ処理事業部局においては、金銭的関心よりも施設への関心の方がやや高いと言ってよいであろうか。

図表Ⅳ－11．有料制導入の目的

2000年10月時点

目的	都市数	比率%
減量努力する人としない人の負担の公平化	74	27.1
ごみ減量による埋め立て処分場の延命	60	22.0
ごみ減量による経費節減	56	20.5
市民の環境意識の高揚	56	20.5
施設の維持管理費用等の確保確保	14	5.1
その他	13	4.8
回答数合計（複数回答あり）	273	100.0

(3) 有料化によるごみ量の変化

有料化導入時のごみ量変化と、その後(直近)のごみ量変化を聞いた。有料化導入時は減少したという回答が多く、減少率が高いとの回答が比較的多い。その後(直近)の増加率の回答は分散しているが、比較すれば、減少率が低い所への回答が増えている。増加傾向との回答率を高くなっている。

有料化は、導入時に排出量を減少させるが、その後再び増加傾向をたどるとの見方が裏付けられた。ただし、排出量をいったん下方にシフトさせるので、有料化による減量は一定の効果があったと考えることができよう。

図表Ⅳ－12. 有料化と、ごみ量の変化

2000年10月時点

	初 年 度		昨 年 度	
	都市数	比率%	都市数	比率%
増えている(10%以上増えている)	1	1.0	10	10.8
やや増えている(5～10%以上増えている)	2	1.9	24	25.8
変わらない(±10%の範囲内で納まっている)	11	10.7	19	20.4
やや減っている(5～10%程度減っている)	23	22.3	13	14.0
減っている(10～20%程度減っている)	34	33.0	19	20.4
かなり減っている(20%以上減っている)	32	31.1	8	8.6
回 答 数 合 計	103	100.0	93	100.0

(4) 有料以前の負担

図表Ⅳ－13. 現在の前のごみ収集制度

制　　度	都市数	比率%
無料	77	61.6
定額有料制	20	16.0
指定袋制	15	12.0
その他	13	10.4
合　計	125	100.0

従量有料制を採用する前の収集システムは、無料、定額有料、指定袋、その他の順である。指定袋制の比率が比較的小さく、無料の状態から従量有料制への転換が過半を占めている。

定額有料制からの転換は、回答の絶対数は少ないが、現在定額制を採用している都市が5市であることからすると、この分野での影響の度合いは大きいと言え

Ⅳ章　自治体のごみ処理行政

(5) 有料化への反応

①合意形成に力を注いだところ

市民との回答が圧倒的であり、議員、事業者と続き、庁内は少ない。個別野ヒアリング等によれば、市民については、町内会（自治会）単位の説明会等が入念に行われることが多いとのことである。ここに対しては労力の投入は大きくなる。

図表Ⅳ－14．ごみ処理有料化への合意形成の努力対象

	1位	2位	3位	4位	評点[1]	比率[2]
市民	97	5	1	0	502	48.8%
事業者	2	33	30	16	185	18.0%
市議会議員	5	43	37	0	228	22.2%
庁内	2	4	15	61	113	11.0%
合計	106	85	83	77	1028	100.0%

注1．1位－5点、2位－3点、3位－2点、4位－1点で合計
注2．評点合計に占める比率

②有料化前後の市民の反応

有料前と後の市民の反応を聞いた。有料化後には、「積極的に支持」「どちらかと言えば支持」が、大幅に増えている。反面、「強く反対」が無くなり、「どちらかと言えば反対」も3分の1に減少している。有料後に有料制に対する、市民の受容性が高まる傾向が見て取れる。

図表Ⅳ－15．有料化への市民の反応

目的	有料化前		有料化後	
	都市数	比率%	都市数	比率%
積極的に支持	10	8.6	15	13.2
どちらかと言えば、支持	59	50.9	76	66.7
中立、無関心	2	10.3	12	10.5
どちらかと言えば、反対	33	28.4	11	9.6
強く反対	2	1.7	0	0.0
回答数合計	116	——	114	——

(6) 有料化と資源ごみ収集

　有料化の際、資源ごみ収集を強化（開始、分別増やす、回数増やす）したとの回答が、60％近くとなった。ごみ排出の価格弾力性が低いとすれば、リサイクルという代替財の提供が必要であり、自治体の対応はその線に沿っているといえる。

図表Ⅳ－16．有料化を契機とする資源ごみの収集方法の変更

2000年10月時点

目　的	都市数	比率%
変更はしていない	41	31.7
資源ごみ収集の分別の種類を増やした	38	29.5
資源ごみの回収を始めた	26	20.2
資源ごみ収集の回収の回数を増やした	9	7.0
その他	15	11.6
回　答　数　合　計	129	100.0

(7) 有料化の財政的影響

　過半数の団体が財政的に楽になったとし、苦しくなったのは、4分の1に達しない。

　指定ごみ袋の制作費に流通費を加えた一袋当たりの原価は、団体によっても無論異なるが、10円前後のようである。頒布価格は平均が38.0円なので、財政的には幾らか寄与することになる。袋の単価が低ければ、財政的寄与は少なくなる。

　アンケートの回答からは出てこないが、広報費が多かったり、自治会等への補助金がある場合もある。このような制度を採っている都市のごみ行政当局にとって、有料化の財政寄与は少ないと感じられるであろう。

図表Ⅳ－17．有料化による財政負担の変化

財政状況の変化	都市数	比率%
財政的にはかなり楽になった	14	12.6
財政的にいくらか楽になった	49	44.1
変わらない	22	19.8
財政的にいくらか負担になった	18	16.2
財政的にかなり負担になった	8	7.2
回　答　数　合　計	111	――

Ⅳ章　自治体のごみ処理行政

(8) 有料制運用上の留意点（記述式）

　　有料制を実施している都市として、この制度を運用する際の留意点を聞いた。文章記入を求めたので、回答数は45都市であった。記入で最も多かったのが、市民の啓発であり、どこに苦労しているかは如実に伝わってきた。その他、システムの構築にかかわるものと、不法投棄に対する注意が散見された。

5. 有料制の評価（問4）

　　問4は、従量有料制を導入していない都市（559都市が対象）に対してこの有料制について聞いている。まず、従量型の有料制への評価を聞いている。次に、この制度の導入予定を聞いた。

(1) 有料制の評価

　　肯定的な評価が否定的評価の10倍を越えている。有料化に対する認知・支持度はかなり高いと言える。
　　「大いに評価する」は14.7％であるが、「ある程度評価する」は56.2％であり、両者を合計した肯定的評価は70％に達している。それに対して、「問題が多いと思う」は1.5％、「問題があると思う」4.8％で合計しても消極的評価は6.3％である。
　　ところで指定袋制を採用している都市は290市ある。この指定袋制は、論者によれば、（従量型）有料制とみなされる。家庭ごみの排出者にとっては、両者は類似性の高いの制度ではある。こういった要素を勘案すれば、指定袋制を導入している都市が、ここでの有料制に対して支持を与えるのは当然かもしれない。

図表Ⅳ－18. 有料制の評価

有料制に対する評価	都市数	比率％
大いに評価する	70	14.7
ある程度評価する	267	56.2
どちらとも言えない	108	22.7
問題があると思う	23	4.8
問題が多いと思う	7	1.5
回 答 数 合 計	475	―

(2) 有料制の導入予定

「近い将来（3年以内）に、導入予定」との回答は、11.8%であり、「時間はかかるが、導入予定」16.2%を加えても、28.0%である。回答都市数で見ると、各々56市、77市であり（回答都市数は476市）、有料制の導入については、早い・遅いはあれ、有料化導入予定の団体が133ある。現在、有料制を採用している都市が135市であるから、ほぼ倍増することになる。

しかし、前問の有料制の評価に関する設問で、積極的評価をしている回答数（70.9%、337市）に比べると、有料制を導入するとの回答は比較的少ないと評価できるのかもしれない。前問（問4．1）における有料化に肯定的な回答の比率に比べ、導入予定の団体数が多いか少ないか、評価が難しいところである。

導入予定はないとしている回答数（21.2%）に着目すれば、有料化については、実行面でも「否定的な評価は少ない」と言えるかもしれない。反面、長期的な課題としている都市が過半を占める（50.8%、242市）。有料化への市民の同意の取り付け等、導入の困難さについて認識している都市が多いのであろう。

図表Ⅳ－19．有料制の導入予定

予　　　　　定	都市数	比率%
近い将来（3年以内）に、導入予定	56	11.6
時間はかかるが、導入予定	77	16.2
長期的な課題である	242	50.8
導入予定はない	101	21.2
回　答　数　合　計	476	—

6. 行政評価（問5）

最後の質問である問5では、全ての都市に対して、ごみ処理行政に対する行政評価について聞いた。現在、政府の仕事全般に対する評価（行政評価）が必要との認識が高まりつつある。政府の仕事（行政）全般の中で、ごみ処理行政は、比較的評価し易い業務と考えたからである。

（1）行政評価の必要性

　ごみ処理行政に対する「行政評価」の必要度は、「必要と思う」45.6％と「必要度が高いと思う」14.5％の合計で61.1％を占めている。それに対して、「必要はない」1.0％と「余り必要とは思えない」3.3％の合計は4.3％で、否定的な見解は積極的見解の10分の1以下の少数派である。

　行政評価について「何をやるのかによる」との返答が、調査票が返送されなかった都市に対する補充の電話調査によるものである。中身次第との前提に立って、強いて言えば「必要と思う」との回答が多かった。電話調査の傾向を郵送分に適用して良いとすれば、行政評価が必要とする回答も「どちらとも言えない、分からない」に近いものが多いのかもしれない。

図表Ⅳ－20．ごみ処理行政に対する行政評価の必要性

行政評価の必要性	都市数	比率%
必要度が高いと思う	88	14.5
必要と思う	276	45.6
どちらとも言えない、分からない	215	35.5
あまり必要とは思えない	20	3.3
必要はない	6	1.0
回　答　数　合　計	605	―

（2）清掃行政の評価基準（3つ選択）

　行政評価については、その評価基準が問題になるのは当然である。そこで、9つの選択肢を用意して、上位3つまで順位を付けてもらった（他に「その他」がある）。集計の際、1位3点、2位2点、3位1点の点数配分を行い、総合点をつけた。

　総合点の第1位は、廃棄物の排出量の減少であった。これが圧倒的に多かったが、有料化の趣旨からして、当然であろう。

　第2位は、廃棄物の再生利用率の向上である。この選択肢は、有料化では排出量は減少しないとの批判を考慮して入れたものである。ごみ排出の代替的選択肢としてリサイクルを捉える都市も多いことが確認された。

第3位は、住民の環境意識の向上である。1番目の基準として挙げられた数は、こちらの方がリサイクルよりもやや多い。問3．の最後の質問の有料制運用上の留意点（記入式）の記入内容と併せて考えると、住民意識に留意する、ごみ処理業務担当者の意識が伺えるように思う。

第4位以下では、財政支出総額の減少（増加抑制）が比較的多く選択されている。また、「住民の満足度」がそれに次ぎ、意識の問題が比較的強く出てくる。その他の選択肢への支持は僅少である。

図表Ⅳ－21．ごみ処理行政評価の評価基準（3つ選択、順位付け）

評価基準の選択肢	1位	2位	3位	総得点	比率
廃棄物排出量の減少	1,029 (343)	154 (77)	37 (37)	1,220	34.7%
廃棄物再生利用率（分別回収率）の向上	564 (188)	270 (135)	68 (68)	902	25.6%
住民の環境意識の向上	594 (198)	84 (42)	89 (89)	767	21.8%
清掃行政に対する財政支出総額の減少（増大抑制）	234 (78)	58 (29)	69 (69)	361	10.3%
住民による清掃業務に対する満足度の向上	78 (26)	16 (8)	19 (19)	113	3.2%
清掃事業からの収入獲得による一般会計負担の軽減	45 (15)	14 (7)	10 (10)	69	2.0%
分別収集における住民の労力負担の減少	24 (8)	6 (3)	6 (6)	36	1.0%
廃棄物の焼却処理における余熱の利用度向上	12 (4)	2 (1)	4 (4)	18	0.5%
リサイクル・センター等における雇用機会の提供	12 (4)	0 (0)	0 (0)	12	0.3%
その他	15 (5)	2 (1)	5 (5)	22	0.6%

注1．第1位に3点、第2位に2点、第3位に1点を配点
注2．順位欄下のカッコ内は市区数

7. 一般廃棄物課税

(1) アンケート調査によって分かったこと

　この、日本におけるすべての都市（特別区を含む）のごみ処理事業担当部局に対するアンケート調査（回答率100%）では、日本におけるすべての都市（特別区を含む）のごみ処理事業担当部局から回答を得たことから、ごみ有料化の現状について、その全体像が把握できた。その結果、概略、次ぎのようにまとめられる知見が得られた。

①19.5%の都市が、本調査で定義する有料制を、その都市のごみ処理（収集）において採用している。さらに、同数に近い都市が有料制度を導入する予定である。また、論者によって有料制に入れることのある指定袋制を採用している都市は41.8%に達し、消費者から見た有料制はかなり浸透している。

②有料化の導入時期は、1990年代の後半が半数を占める。2000年10月までに導入した都市を含めると、60%以上の都市が比較的近年に有料化を行っている。

③単純従量制の都市が課している大袋（45ℓが中心）1袋当たりの料金は、40円台が3分の1以上を占め、20〜55円の料金帯が83.5%を占めている。この料金水準は、ごみ処理に必要な行政経費を賄うには程遠いものである。

④ごみ処理行政に対する行政評価の必要性への肯定的な評価が60%を越えている。ごみ処理行政に対する評価基準としては、廃棄物排出量の抑制という回答が圧倒的に多く、廃棄物の再生利用率向上と、住民の環境意識向上がこれに次ぐ。具体的成果が上位に来るのは時期早前であるが、住民意識が行政当局にとって大きな関心事項であることをうかがわせる。

⑤電話調査によって分かったこと（補遺として）

　有料化の採用や、料金率は、近隣自治体の動向が重要な影響を持つようである。導入動機等について、近隣自治体の動向をどう考えるかとか、どのような影響があったか等の問いはアンケートの設問に含まれていなかった。

　行政評価に対する回答にはとまどいが多かったようである。行政

評価については、都市全体として見た場合、その意識や状況の成熟度が高いとは言いかねるようである。

(2) 人口規模別従量有料制都市

有料制を採用している都市について、人口規模別の採用状況をまとめた。人口規模が小さい程、有料制を採用している都市の比率が高くなる。特別区も含めた全都市に対する比率を見ると、人口5万人未満の都市においては、有料制の採用率が29.9%になっている。平均値の19.5%よりかなり高い比率である。5～10万人の規模の都市の有料化率は20.6%と平均値と殆ど変わらない。人口10～20万人では14.8%とかなり低くなり、それ以上の人口規模の都市では極めて低くなる。人口20～30万人の都市では2市だけであり、山口県と福岡県に各1市所在する。人口30万人以上では、長野市1市のみである。

これは、地域コミュニティが機能しているか否かにも関係があると考えられる。人口移動の激しい大都市部においては、不法投棄を増やす可能性が高いとの不安を持たれる有料制には中々踏み切れないのであろう。反面、比較的所得水準が低い地域であると、新たにごみ処理を有料化することには抵抗が大きいことも考えられる。この経緯は、廃棄物に係わる社会的システムの研究というよりは、ごみ有料化から見る社会構造の問題として興味ある課題を提示しているようである。

図表Ⅳ－22．人口規模別従量有料制都市

人口規模	有料化都市A	都市数全数B	有料比率 A÷B	都市数市 C	有料比率 A÷C	特別区の数：Bの内数
5万人未満	67	224	29.9%	223	30.0%	1
5～10万人	46	223	20.6%	222	20.7%	1
10～20万人	19	128	14.8%	123	15.4%	5
20～30万人	2	43	4.7%	38	5.3%	5
30万人以上	1	76	1.3%	65	1.5%	11
合　　計	135	694	19.5%	671	20.1%	23

注1．人口規模分類の基礎となる人口は、平成12年3月31日現在（資料は下記）
出所：市町村自治研究会（2000年）

(3) 有料化と地域環境税

　廃棄物に関する地域環境税は、廃棄物の排出抑制に効果を有することと、廃棄物処理の資金調達に資することが求められる。一般廃棄物、特に家庭系一般廃棄物処理の有料化は、この2つの目的に適うものと考えられる。

　家庭系廃棄物処理への有料制導入が廃棄物の排出抑制については、多くの都市がその効果があるとしている（図表Ⅳ-12参照）。その効果の現れ方については、価格効果によるごみ減量だけではないと思われる。しかし、結果としては効果ありとの返事が多かったと解してよいであろう。

　財源調達については、有料制の導入は、一応財政的なプラスの効果があったとの回答が多かった（図表Ⅳ-17参照）。有料化は、この行政サービスを賄うために財源調達に寄与するものと考えられる。しかし、現状では、ごみ処理料金は財政支出額に対して余りに低く、有力な財源とはなっていないものと考えられる。財政的にも、減量効果による支出削減への期待の方が大きいであろう。

　本章で示したアンケート調査には出てこないが、ここでのごみ処理費用は財政支出ベースの金額である可能性が高い。個別に各都市のごみ処理行政の費用処理を見なければ確たることは言えないが、現金主義会計で費用処理がなされていれば、固定費用の年度間配分は不適正であり、結果としての総費用および単位費用の計算も適正でない可能性が高い。これは行政評価とも係わるが、アウトカムを重視する行政評価とはやや趣を異にする問題である。しかし、地域環境税（この場合は、一般廃棄物処理料金）の適正な算定を行うには、調達を目的とする行政の適正な年度費用の算定が不可欠である。

　発生主義会計の導入は、費用分析を容易にし、その節減の可能性を高めるであろう。また、焼却炉の高性能化（ダイオキシン対策）は、焼却炉の処理容量増加をもたらす可能性が高い。その場合、ごみ処理行政の大規模化、広域化、広範囲化を招来し、平均費用の顕著な低下が期待できるかもしれない。その時、地域環境税により廃棄物行政費用の全てないし大部分の調達が可能になることが期待される。

Ⅳ章　自治体のごみ処理行政

注記
1-1)　厚生省（当時）によるもの以外としては、(財)ライフデザイン研究所（1996）『家庭ごみ有料化による減量への取り組み－全国533市アンケート調査結果と自治体事例の紹介』（調査は1995年3月、実施者、落合由起子）、(株)日報（1993）「ごみ処理費用有料化実施アンケート調査報告」がある。
2)　落合由起子（1996）pp.12-15

第5章
世界のリサイクル制度

1. 資源の再生利用

（1）各国のリサイクル制度の比較

　　　　先進工業諸国の最重要課題の一つに、現在の経済システムから生じる膨大な量の廃棄物の適正な処理がある。処理すべき廃棄物量が減少すれば、適正処理はより容易になる。資源保存や過剰消費への反省もあり、廃棄物を再生して再利用すること（リサイクル）が注目されている。本章では、資源再生に係わる様々なシステムについて、資金調達を重要な観点としながら、検討する。

図表Ⅴ－1．リサイクル促進制度の比較

比較対照点 システム名	リサイクル費用納付者 リサイクル費用納付時期	費用負担の強制力 費用負担の確実性	リサイクル負担金収入と費用の乖離のあり方	その他の問題点
資源回収管理基金制度 （台湾）	・指定商品の製造・輸入業者 ・製品出荷時	・法による義務 ・罰則付き強制義務 ・税務資料利用可能	・収支均衡を旨とした制度だが、リサイクル率が低いと余剰金が蓄積	・制度運営の厳格性維持のために稼働率が低い ・分別度が低い
エコ・アンバラージュ （フランス）	・家庭用包装材の製造業者と輸入業者 ・PVの使用料として	・契約による義務（任意の契約） ・法的裏付けある	・収支均衡か	・制度包括性低い。1995年で市町村の30%程度の加入率－無理ない制度
デュアル・システム（DSD） （ドイツ）	・包装材製造業者と流通業者 ・GPの使用料として	・契約による義務（任意の契約） ・法的裏付けある	・フリーライダーによる収入不足により、財政危機に陥ったことがある	・理想的な制度の追求から、現実との妥協へ ・市民負担増大
容器包装リサイクル法によるシステム （日本）	・特定容器・包装の利用事業者、特定容器製造事業者・指定法人委託料	・契約による義務（任意の契約） ・法的裏付けある	〔家電リサイクル法関係〕 ・負担回避による収入不足の可能性 ・廃家電輸出による処理費用の節約 ・リサイクル料金設定の問題（料金過少の可能性）	・ギャランター（リサイクルのコーディネータ）の育成が課題か
家電リサイクル法によるシステム （日本）	・消費者 ・廃家電持込み時	・法による義務 ・力関係によっては費用負担回避も可能		・シュレッダー使用によるリサイクル思想に批判あり。輸出の捉え方は？

111

V章　世界のリサイクル制度

本章で言及する諸制度（台湾、DSD、エコ・アンバラージュ、容器包装リサイクル法、家電リサイクル法）の特徴をまずまとめてみた（図表V－1参照）。そこから、以下に述べるような様々な特徴が見て取れる。

①共通点は排出者負担

日本や先行事例であるフランスやドイツのリサイクル促進制度、そして台湾の制度も、リサイクル等に必要な資金を、最終的には排出者に求めることを原則としている。これは各制度共通であり、原因者負担の原則に適うものである。リサイクル費用の内部化を実現するための大原則は、既に各国のコンセンサスになっていると言える。そして、排出者が負担する単価の決定には、必要となる費用をその基礎として採用していることも、共通の要素と言える。

設定されたリサイクル等の目標が、真の経済効率を達成することは必ずしも保証されていない。原因者が負担し、その収入を関連の事業の費用に充てることは、地域環境税の理念に適うものである。但し、リサイクルについては、国家が管轄することが多いため、自治体が設定する租税（賦課）とはならないことがある。

収支均衡を掲げることは、負担率を引き上げる必要が生じた場合、合理的根拠を提示することを可能にする。負担の増大に対する不満は、どのような理由を掲げても避けられない。それでも、負担率の改定に係わる政治費用をある程度下げるものと考えられる。

②相違点は多様

制度の具体的内容は、制度による相違が生じる。リサイクル費用の納付者について見ると、家電リサイクル法（以下、家電）以外は、皆製造・流通・輸入業者である。ここでは、日本の家電リサイクル法が個性的である。納付時期（≒方法）については、台湾が製品出荷時であるが、家電以外の3つは、リサイクル機関との契約によっている。家電は排出時である。

台湾はいわば「源泉徴収」型で、フリー・ライダー発生の余地が最も少ない。また、徴収費用も最も少ない。逆が家電である。消費者が直接に負担する

フリー・ライダー

ただ乗りする人のことで、適正な負担をせずに公共サービスを利用しようとする人を指す。厳密には、ある公共財について供給希望の提示が負担と結びつく場合、本当は供給を望んでも、自分の希望は出さなかったり低く表す人を言う。

形を取ると、個別の力関係の中で負担に偏りが生じる可能性がある。これもフリー・ライダー発生の1形態と言える。他の3つは中間的である。フランスやドイツのような、加入制度を取る場合、マークの偽造等によるフリー・ライダー発生の可能性が大きい。容器包装リサイクル法も同様であろう。資金の徴収については台湾の制度が最も確実である。

収入と支出については、台湾の制度は、収支均衡を旨とはしているが、回収率が低ければ余剰金が発生する。収入が確保されているのに対して、支出は実際の回収率に依拠するからである。しかし、制度を構築する各機関、特に回収商は回収数量を増すことによって受領する補助金が増えるので、制度としては回収率向上のインセンティブを備えている。管理委員会が、回収率低下を策することはないであろうから、余剰金蓄積の可能性は大きな欠点とは言えない。他の制度はそれぞれ、財源不足に陥るという財政上のリスクを抱えており、これに比べれば欠点は小さいと考えられる。

制度の運営に関し、台湾の制度は、強制力が強い分厳格な運営をシステムに組み込んでいる。しかし、これがコンプライアンス・コストを高くする結果となっている。つまり、排出者のコストが高くなり、参加度（回収率）が低くなるリスクが存在する。特に、リファンド制を組み込んでいる自動車において、1998年9月現在、この問題が顕在化していた。他の回収物質についてはこの問題は小さく、関係者が説得に応じれば、比較的高い参加度が期待できるであろう。

③政策フレームの検討に向けて

完全な制度は存在せず、優れている部分が多い台湾の制度も、以上のような欠点を有する。日本のリサイクル制度は、既に容器包装物と家電については法制化が進んでいる。しかし、今後作られるリサイクル制度については、・収入の確実性、・負担の包括性（フリー・ライド困難）、・財政の健全性、・回収率増大のインセンティブ内

コンプライアンス・コスト

遵守費用とか順守費用（Conpliance Cost）と訳す。法律や制度に従うのに必要な費用。税金では納税費用となる。ごみの場合、有料制でなくても所定の時間と場所にごみを出す手間がこれである。分別収集の場合、かなりこの費用が多くなる。

リファンド制

払戻制度（Refund）であり、リファンドとは金を返すことを言う。デポジット制度（Deposit：預り金制度）とセットになる。飲料缶等で、本来の販売価格に預り金を上乗せし、缶を返した時に払い戻すことになる。預かり金無しで払い戻す方法もある。

在、といった幾つかの特長を持つ台湾の制度も、その参考にして良いと考える次第である。

(2) リサイクル資源の国際流動

① 使用済耐久消費財の再使用

リサイクル資源（廃棄物）の調査を行っていると、廃車とされた（登録抹消）自動車や廃棄物としてだされた家電を海外に輸出しているという事例を数多く耳にした。リサイクル促進を狙う制度の多くは、使用済耐久消費財の再使用、特に、外国における再使用（輸出）を予定していない。

資源の有効活用、最終処分を要する廃棄物の量抑制の観点からは、このような再使用は、再生利用（リサイクル）よりも望ましいものである。これは、資源リサイクル政策フレームにおいて考慮に入れるべき事項である。

② カスケード型資源利用

現在の世界では、国や地域により大きな所得格差が存在することは厳然たる事実である。資源の再利用や再生利用を行うことについて、現時点では多大な労働力を要する。賃金の低い、所得水準の低い国の方が、資源再生等が行い易いのである。

日本国内でも、リサイクル・ショップと呼ばれる中古品を扱う店が増えている。フリー・マーケットが頻繁に開催され、一度購入された不用品の売買も盛んになりつつある。これらは今後進展していくであろうが、中古品の輸出も選択肢に入っている方が、中古品市場の規模を大きくするであろう。中古品は発生品であり生産品ではないため、需要と供給のマッチングが難しいからである。

所得水準が低い国や地域では、日本等先進国で不要とされた製品類（中古品）の使用を厭わない。むしろ、性能の割に安価な製品として歓迎されることがある。それゆえ、脱法行為であっても、乗用車や家電製品の輸入が行われるのである。

所得水準の高い国から低い国へと、製品が段階的（カスケード）に流れていくことから、カスケード型資源利用と呼ぶ。

③所得と雇用と自尊心の問題

　　製品の再利用、資源の再生利用は、低所得国に幾つかのメリットをもたらす。比較的安い価格で相対的に良質の製品が手に入る。また、そのような製品の修理工程において、所得と雇用をもたらす。資源の再生利用に付いても同様である。比較的安い価格で資源が手に入る。その再生過程は労働集約的であるから、雇用の場が多く確保され、所得も発生する。

　　反面、技術水準の高い産業の育成が阻害されるおそれがある。発展途上国が産業育成に乗り出す場合、最初の武器は低価格であるが、先進国からの中古品の流入はその武器を奪う。他国の使用済製品を使用することに対して自尊心が傷つくという問題もある。

④廃棄物処理費用の回避と不適正処理

　　先進国側が、低所得国に中古品輸出や資源再生工程を移すことから得るメリットは、2つ考えられる。第1は、廃棄物の最終処分を幾分なりと免れることである。低所得国へ輸出される中古自動車や廃家電は、輸出されなければ、その多くがそのまま廃棄物となる。これらが輸出されることにより、最終処分量が幾らかなりと軽減されるのである。第2は、再生工程は付加価値が少なく、労働集約的であることである。このような業務は、先進国で行うと高くつく。国際分業が行われることが望ましい。

　　反面、リサイクル資源の国際流動は、不法な廃棄物輸出に道を開くこととなる。廃棄物は負財であるから、不法投棄を行えば経済的利益を得ることができる。

バーゼル条約

「有害廃棄物の国境を越える異動およびその処分の規制に関するバーゼル条約」の略称。1989年3月にスイスのバーゼルで作成された。栃木県の産廃業者がフィリピンへ輸出した廃棄物が本条約等への違反で摘発されたことが知られている。

⑤リサイクル資源の国際流動の今後

　　リサイクル資源の国際流動には長短あるが、資源の有効活用の観点からは、推進していくべきものと考えられる。バーゼル条約等規制の水準は下げずに、それを遵守する費用を軽減する工夫が求められるものと思われる。

2. EUの制度

（1）欧州連合（EU）の取り組み

①環境政策におけるEUの位置

■早くから課題となった環境対策■

　　　　　西ヨーロッパ地域は、歴史的にも早い時期から近代工業が発展し、人口密度も高くなったので、公害発生や廃棄物処理等の環境対策が比較的早くから課題となった。

　　　廃棄物政策ないしリサイクルについては、ヨーロッパ（連合）諸国が先進事例と見なされることが多い。

　　　欧州連合（EU）の廃棄物の排出量は合計は、年間約17億トン（1990年）とされる。同じく日本は4億5千万トン弱であるから、人口1人当たりに直すと日本の方がやや少ないように見える。しかし、廃棄物中、農業廃棄物が約8億トン（47.1％）を占め、日本とはかなり構成比率が異なる（図表Ⅴ－2参照）。

■環境行動計画が柱■

　　　欧州連合（EU）の前身である欧州共同体（EC）ないし欧州経済共同体（EEC）の廃棄物政策は、1972年のパリ・サミット後に開始された。

　　　第1次石油ショックの前、既にこの問題は検討課題であった。廃棄物政策は、EEC条約中に明確には含まれていなかったが、'73年に第1次環境行動計画が採択され、'75年に加盟国に廃棄物の防止・リサイクル・加工を促進することを勧める理事会指令が採択された。当時は、危険廃棄物の輸送やPCBの処理等、特定の課題の措置に主たる関心が向いていたようである。

　　　その後、1989年に廃棄物に関する共同体の政策を提案する文書が出され、'90年5月の理事会決議において、廃棄物の量的増加の抑制やリサイクルへの配慮が強調された。

　　　続いて'92年に第5次環境行動計画が公表され、欧州委員会の20世紀末までの廃棄物に関する方針が明らかにされた。

　　　この行動計画では、廃棄物政策は1990年代の中心的課題と認識され、廃棄物の増加傾向を止め、逆転させることが目標とされた。

V章　世界のリサイクル制度

①廃棄物の発生を防止する、②リサイクル・再使用を促進する、③再利用できない廃棄物の最終処理方法の効率改善、が行動計画の内容である。

また、この目的達成のため、経済・財政的手段（負担金）を利用することとされた。

この行動計画は、現在のEUにおける廃棄物政策の課題と方法について、その基本方針を明示したものと言える。廃棄物の安全性のみならず、総量への対策が形をとったのは、EU（EC）でも90年代に入ってからである。

②包装及び包装廃棄物に関する指令

基本方針が定まれば具体化策が着手される。

廃棄物の中で大きな比重を占める容器包装物に関する「包装及び包装廃棄物に関する指令」について、1992年7月に最初の提案が行われた。この提案は欧州議会の意見を踏まえた上で'93年9月に欧州委員会の修正が施された。同指令は'94年12月に成立し、'96年7月1日までにEU（'93年11月より）加盟国の国内で立法化されるべきと規定している。

ドイツやフランスを含むEU加盟国の廃棄物政策は、この指令の中に位置づけられるべきことになる。

この指令は、包装廃棄物の発生の阻止、パッケージング（包装物）の再使用とリサイクリング及びその他の形態による包装廃棄物の回収及び最終処分量の減量を目的とする諸措置を規定するものであり、共同体で市販される全ての包装物と全ての包装廃棄物が適用範囲である。包装物は、販売用、グループ化用、輸送用に分けて定義され、環境保護を考慮した包装物の製造を義務づけている。

内容としては、
①構造と構成への要求として
― 1．包装に必要最小限の嵩と重量
　 2．再生利用・再使用と回収可能で環境不可が最小限
　 3．有毒または危険物質材料の使用は最小限
　　　　　　　　　　　　　とすべきものとされている。
②再使用可能な性質への要求として
― 1．数回の反復利用可能性
　 2．使用済包装物処理の作業者の保健・安全性

V章　世界のリサイクル制度

が求められている。
③再使用不能で回収可能な性質に関する要求として
―1．包装材料のリサイクリング、エネルギー回収、堆肥化、生物分解の各々の性質が区分されること
　2．2001年7年1日までに各材料の最低15%がリサイクルされること（重量比）

が求められている。

　回収・リサイクルのための措置として、①1996年7年1日～2001年7年1日までの5年間に包装廃棄物の重量で最低限50%、最大限65%回収されることが求められる。②同期間において、包装廃棄物の内、包装材料の重量合計で25%以上、各包装材料毎には15%以上のリサイクルが求められている。加盟国は包装廃棄物の返却、回収、回収のための措置を取ることが求められる。

　同指令は、目的、対象物の定義、目標達成度の詳細な提示等において、資源リサイクル制度の指標になるものである。リサイクル率の目標値は国や地域によって異なるとしても、この指令の示すところは、多くの国や地域において、容器包装物の処理（リサイクル）に適用できるものであろう。

（2）柔軟なフランスのシステム

①フランスにおける廃棄物処理

■フランスのごみの実状■

　　フランスにおける廃棄物の年間総発生量（1992年）は、約5億7,900万トンである。この膨大な排出量に廃棄物処理能力が追いつかず、埋立処分場の容量もしばらく前から逼迫が感じられている。廃棄物総量の内、家庭系廃棄物は約2,900万トンを占めている。
　　フランスの廃棄物処理業界は何らかの形で大手企業の傘下にあり、ジェネラル・デ・ゾー社、リヨネーズ・デ・ゾー社、ブイグ社を軸とする3グループに集約されている。同国の環境関連支出は約1,400億フランとGDPの1.8%に達し、年間成長率は約3%（1994年）を維持している。関連労働力は41万7千人に及ぶと見られている[1]。
　　家庭廃棄物の排出量は1980年代末には年間1,800万トンであった。その内、重量ベースで約3分の1、容積ベースで半分が包装廃棄物であった[2]。

過去30年間に家庭廃棄物の総量が約60％増大したのに対し、包装廃棄物は約3倍になった[3]。1990年頃には、家庭廃棄物総量年間2,000万トンの内、家庭用包装廃棄物は約700万トン、内プラスチックは約83万トン程あり、ボトル等液体容器はそのまた約3分の1である。家庭廃棄物の処理・処分方法の内訳は、焼却40％、埋立50％、リサイクル5％、コンポスト化5％である[4]。フランスにおける国民1人当たりの家庭廃棄物の量の増大は急テンポであり、何らかの対策の必要性を感じさせるに至った。

図表Ⅴ－2．主要廃棄物発生量：ヨーロッパと日本（1990年）

欧　州　連　合（EU）			日　　　本		
廃棄物の種類[1]	数量　単位（百万トン）	比率　％	廃棄物の種類[1]	数量　単位（百万トン）	比率　％
家庭廃棄物	130	7.7	一般廃棄物	50	11.2
農業廃棄物	800	47.1	動物の糞尿	77	17.3
鉱業廃棄物	350	20.6	鉱滓	43	9.7
工業廃棄物	330	19.4	その他[3]	49	11.0
エネルギー製造過程廃棄物	57	3.4	―	―	―
その他[2]	30	1.8	―	―	―
			汚泥	171	38.4
			建設廃材	55	12.4
合　　計	1,697	100.0	合　　計	445	100.0

注1．廃棄物の種類は、日欧で比較的性格が近いと思われるものを対照させた。
注2．ヨーロッパのその他は、下水汚泥、浚渫土、建設廃棄物、医療廃棄物、放射性廃棄物
注3．日本のその他は、産業廃棄物中の、廃プラスチック、木くず、金属くず、ガラスくず、陶磁器くず、ばいじん等が中心である。
出所：下記資料より作成
・欧州（原資料は、Eurostat 1995）
　岩波徹（1998）『欧州連合における廃棄物処理の現状』(財)自治体国際化協会　pp.2-3
　（CLAIR REPORT NUMBER 158（February 25, 1998）
・日本
　厚生省（1996）『日本の廃棄物'96』(社)全国都市清掃会議p.60
　（日本の廃棄物作成委員会編集　厚生省生活衛生局水道環境部環境整備課監修）

②企業に対策の義務を課す

■**包装廃棄物政令**（1992年4月1日環境省、1993年1月1日から適用）■
　このような状況に鑑み、1992年1月、以下のような項目を含む

廃棄物処理政策が閣僚会議で承認された。

「①処理されないままの通常産業廃棄物及び家庭ゴミの従来型の埋立処分場は国内に約6,700カ所あるが、これを今後10年間にゼロにする。②上記のゴミを処理するため、自治体相互の処理施設160カ所を新たに建設し、処理済みの残留物のみを専用センターで保管する。③包装材の回収を体系化し徐々に実施する」。

この政策をまとめるに当たり、企業も使用後の包装材に責任があるとの考え方が明確になってきた。これを法制化したものが、「包装廃棄物に関する政令（No.92-377）」である。

この政令では、包装材の製造業者に回収、リサイクルの義務を課するとともに、複数の企業が政府から認可を受けた組織ないし企業の会員となって回収、リサイクルを行う事も認め、この組織・企業に、分別によって自治体に生じる費用を援助させるシステムを考案したとある。

「この政令の対象は、家庭から発生する全ての包装廃棄物である。また義務を負うものは、包装された製品の製造業者及び輸入業者であり」、

「当該包装廃棄物の処理の分担金を支払う、あるいは自ら処理を行うことを義務付けられる」、

これによって包装廃棄物の処理を自ら行う時には、包装材のデポジット制度を設け、包装材の表面にそれを明瞭に記載し、当該包装廃棄物の保管場所を整備することが義務付けられる。

全ての企業が自己の包装廃棄物を自ら回収することは不可能であり、本政令の義務は、主として、包装廃棄物の処理に分担金を支払うことによって履行されることになる。

③共同処理システム―エコ・アンバラージュ

包装廃棄物処理に責任を負う事業者から分担金を受け取って、その処理を行う組織の代表が、エコ・アンバラージュである。

エコ・アンバラージュ社は、1992年8月に設立された家庭用包装廃棄物の分別回収、再資源化推進のための民間企業である。

株主は、包装材使用製品製造者（50％）、同

PV

フランスの緑のマーク（Point vert）。DSD社は1995年に、GPのロゴを使用する権利を、現EUの機関（PRO EUROPE）を通じて、加盟国全域に与えた。フランスのエコアンバラージュ（Eco-Emballages）社は、PRO EUROPEと使用契約を結んでこれを使用することとなった。

生産者の協会（20%）、流通業者（10%）、素材関連企業が組織する再生事業推進団体（20%）である。

同社の収入は、家庭用包装材使用製品の製造業者と輸入業者が支払う、1個当たり1～3サンチームの、PV（ポアンヴェール＝緑の点）の使用料で1993年の収入は、参加企業約6千社からの使用料約4億フランであった。1995年の収入は5億6千万フランとなり、参加企業は1万1千社となった。

図表Ⅴ－3．フランスにおけるごみ処理システム（エコ・アンバラージュ）

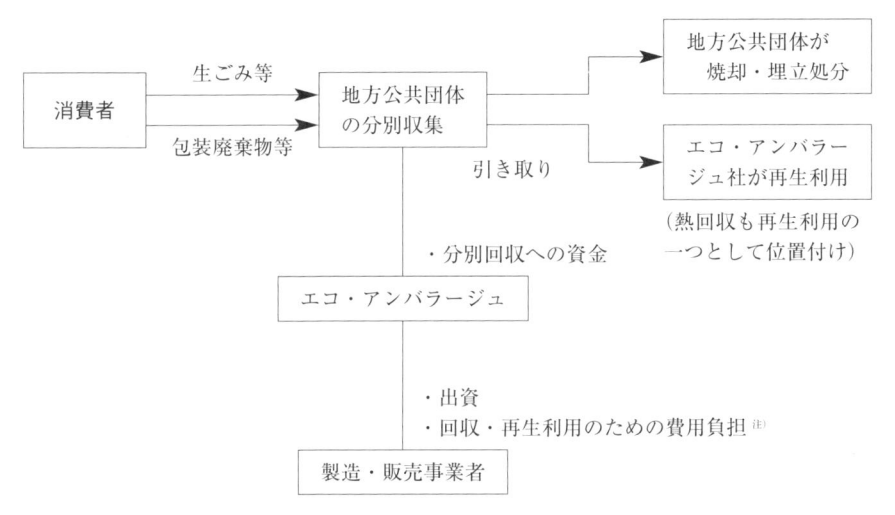

```
                生ごみ等      ┌─────────┐        ┌──────────┐
┌──────┐ ──────────→│地方公共団体  │───────→│地方公共団体が│
│消費者│              │の分別収集   │        │焼却・埋立処分│
└──────┘ ──────────→│             │        └──────────┘
              包装廃棄物等 └─────────┘
                                │引き取り    ┌──────────┐
                                └──────────→│エコ・アンバラー│
                                            │ジュ社が再生利用│
                                            └──────────┘
                 ・分別回収への資金          （熱回収も再生利用の
                                              一つとして位置付け）
                ┌──────────┐
                │エコ・アンバラージュ│
                └──────────┘
                 ・出資
                 ・回収・再生利用のための費用負担（注）
                ┌──────────┐
                │製造・販売事業者│
                └──────────┘
```

注）製造・販売事業者の費用負担額は包装の素材毎に決められている。
出所：田中勝（1997）『リサイクル　世界の先進都市から』リサイクル文化社
　　1997年2月　p.69

■収入は自治体への補助金へ■

エコ・アンバラージュ社は、この収入を主として自治体への補助金に当てている。1993年には、参加自治体は41（人口600万人）で、そこに廃棄物量1トンにつき1,500フランの補助を提供している。

'95年には、参加自治体との契約は103件となり、人口1,700万人をカバーしている。支出の配分は、自治体への補助金が約60%、研究開発に18%、その他となっている。

補助金の交付については、①材料毎の市場、②回収効率、③分別回収の経費計算を考慮していくとしている。

エコ・アンバラージュ以外のこの種の機関として、プラスチックの引取保証会社であるバロルプラストが1993年3月に設立されている。この団体は、エコ・アンバラージュとの連携を基に、自治体が分別回収したプラスチック家庭包装廃棄物の引取保証とリサイクルを支援する民間組織である。この団体の材料別の下部組織として、「Recy PVC」、「Recy PET」、「Recy HDPE」が設立されている。この内Recy PVC社は、1995年までに月間1万2千トンのPVCボトルのリサイクルを行っており'96年に設立される専門の子会社と合わせて月間2万トンの再生能力を整備する。フランス国内のPVC市場は2,100万トンの規模であり、再生品の品質が安定すれば受皿は十分にある。家庭用包装材以外の回収は、ガラス瓶をアデルフ、医療用包装材をシクラメドが各々担当している。

> **PVC**
> ポリ塩化ビニール（Polyvinyl Chloride）の頭文字を取った略称である。いわゆる塩ビのこと。Vはビニール（vinyl）のVである。
> 有用な素材であるが、燃焼させると、ダイオキシンを大量に発生させる。

■住民のごみは自治体が収集■

フランスにおけるゴミ処理システムの特徴は、消費者＝住民が出すゴミは自治体が全て集めるところである。エコ・アンバラージュのシステムに参加する自治体は、ゴミ収集の際、分別収集を行う。分別された包装廃棄物等は、エコ・アンバラージュが再生利用する（図表Ⅴ－3参照）。熱回収も再生利用の一つとして位置付けられているが、回収した熱（電力、温水等）を焼却機関外へ売却するという条件が付けられている（図表Ⅴ－3参照）。

フランスでは、ゴミの分別収集は根づいていない。エコ・アンバラージュに参加している自治体に属する住民数は、全人口の30％足らずであり（1995年）、市町村（コミューン）数でも、3万6千のうち1万余である。エコ・アンバラージュには2002年の回収率75％という目標が課されているが、マテリアル・リサイクル率は15％程度との見通しが立てられている。ここからは、焼却処分を中心とするリサイクルという姿が浮かび上がってくる。

■熱回収を含めて再資源化■

自治体の態度としては、1994年3月のヒアリングに対し、パリ市の担当者は、その時点でのパリ市が収集された家庭ゴミの処理について以下のように述べたという。

即ち、収集したゴミの74.8％を焼却し、2.1％を分別処理、23.1％

V章　世界のリサイクル制度

を埋め立て処理し、焼却工場の熱は広域都市暖房に使用している。これで熱源の4分の1を賄っているという。

このように、2002年までに家庭の包装廃棄物を、熱回収を含めて75％を再資源化するという今回の政令の目標は既に達成しているので、エコ・アンバラージュと契約を結ぶメリットを感じないとのことである。

しかし、パリ市に隣接するルバロワ・ペレ市（人口5万人余）は、1996年10月からゴミの分別収集を開始し、'98年現在12％であるリサイクル率を、2005年までには20％にする計画を立てている。

日本の一般廃棄物のリサイクル率（1993年）は、集団回収分を含めて8％程度であるので、達成率・目標値とも比較的高い水準であると言える。

④柔軟なシステム

PET

ポリエチレン・テレフタート（Polyethylene Terephthalate）の頭文字を取った略称。Eは、ポリエチレンのエチレン（ethylene）である。樹脂の一つで衝撃に強い。同じ内容物を入れる場合、ガラスの7～10分の1の重量と、軽い素材である。

フランスにおける包装廃棄物に対する法規制は、ドイツに比べて、時間面・内容面でかなり緩やかに始まったと言える。1992年の政令制定の10年後である2002年までに、熱回収を含めて、75％のリサイクル率を達成すればよい。リサイクル・システムの構築に向けて、国民の意識を高めていく時間を取り、包装廃棄物の回収・リサイクルを行う全国的なシステムを、無理なく作り上げていこうということであろう。

フランスの環境省の担当局長は、1998年3月のインタビューに答えて以下の趣旨のことを述べたという。

このシステムは、包装材の全体的減量を狙ったものではない。包装材産業は12万人の労働力を吸収しており、失業率の高いフランスではこれに打撃をあたえるような行動は取らない。また、包装材間のシェアの変動を狙ってもいない（リサイクル等の関係により、塩化ビニールからPETに材料を変える飲料メーカーは

HDPE

高密度ポリエチレン（High Density Polyethylene）の頭文字を取った略称。塩化ビニールやポリプロピレン等と並び、日常使われる5つの主要汎用プラスチックの一つである。各種部品や容器を作るプラスチック成型の材料として使用される。

123

いるとのことである)。このシステムの目的は、包装材のリサイクルを推進することである。

リサイクルについても、例えばプラスチックの全てについて、エコ・マーク（PV）の料金を徴収しているが、リサイクルはPET、PVC、HDPEの3つについてのみ行っているという。しかし、これについてプラスチック協会から抗議が出ることはないという。1990年頃塩化ビニールによる問題が起きたという特殊事情もあるとのことであるが、柔軟で実質を尊ぶ対応とみることもできる。

最初から熱回収を認めるフランスのやり方は、関連の産業界に過大な負担をかけない。これは、当初から完璧なシステムを構築しようとして、幾回かのシステム変更を行ったドイツとはかなり往き方が異なる。反面、分別収集の回収率の水準は余り向上していない。また、熱回収の承認は、マテリアル・リサイクルの推進力を減退させる。

静脈産業の形成という観点にたてば、無理のないフランス流が良いのかもしれない。フランス流を採った場合には、目標達成毎に次のステップの策定・提示が必要になると思われる。2002年に目標が達成されたら、リサイクル水準の一層の高度化を目指した目標の設定である。これにより、静脈産業の育成・高度化を図ることが必要と思われる。

> **マテリアル・リサイクル**
>
> 物質の再循環で、普通のリサイクルである。これに対して、物質として再利用せず、燃やしてその熱を利用しても良いとして、サーマル・リサイクルと言う事がある。マテリアル・リサイクルはこれとの違いを意識して使うことが多い。

> **サーマル・リサイクル**
>
> 廃棄物を燃やして、その熱を利用すること。マテリアル・リサイクルは、物質を何度も利用できるが、多額の費用が必要となる。こちらは、その物質の再利用は一度だけであるが費用は少ない。熱利用も、リサイクルに入れるようになってきた。

(3) 国民の意識が高いドイツ

①ドイツの包装廃棄物政策

　　　ドイツでは、資源リサイクル推進を主目的として、1986年に廃棄物処理法が改正され「廃棄物の抑制及び管理に関する法律」となった。同法14条を基に「包装廃棄物の抑制に関する政令」が'91年6月12日に公布された。
　　　この背景には廃棄物埋め立て処分場の逼迫があった。旧西ドイツ地域では年間3,000万トンの都市ゴミが発生し、処理方法は焼却が概ね3分の1、埋め立てが3分の2であった。また都市ゴミの内、包装廃棄物が重量の30％、容積の50％程を占め、都市廃棄物対策として、包装廃棄物が重要な分野をなしていた。包装廃棄物の比重が大きいことは、ドイツのみならず、フランスや日本でも大差はない。
　　　環境に対するドイツ国民の意識の高さもこの政策の背景にあり、政令の目的は使用済の包装材を廃棄物としないことにあった。
　　　その際、製造業者と流通業者に使用済み包装材処理の責任を負わせること、ゴミ処理における自治体の負担を軽減すること、包装廃棄物の氾濫を予防と回収・再利用によって減少させること等が方針となった。

■確実な回収をめざす政令■

　　　政令には以下のような内容が含まれている。
　　　包装は再使用またはリサイクル可能な原材料から作ること、包装廃棄物の発生を抑制すべきこと。
　　　包装材は3種類に分類され、①輸送・梱包包装については1991年12月から、②装飾的包装は'92年4月、③販売包装は'93年1月から再使用・リサイクルを行う義務が課された。
　　　そのため、1993年1月以降、詰め替え容器には課されないが、飲料用使い捨て容器、洗剤容器および分散塗料容器にはデポジット制を導入することを規定している。ただし、販売包装およびデポジット制度については、例外が認められている。
　　　回収・リサイクル義務者は、店頭での回収とデポジット制の代わりに、使用済み包装材を定期的に末端消費のところで回収するシステムを選択することもできる。
　　　このシステムは、使用済み包装材を確実に回収し、包装材料毎に

V章　世界のリサイクル制度

定められた回収率と分別率を満足させる、という条件を満たすものでなければならない。

例えばプラスチックでは、1993年1年1日以降、回収率30％、分別率30％が要求される（再生率は全体の9％となる）。'95年7月1日以降は、各々80％（再生率64％）となる（図表V－4参照）。

これを選択すれば、関連事業者は、使用済み包装材の回収・リサイクル義務を免除される。ドイツの産業界は、この免除規定の適用を受けるために、有限（責任）会社DSD（Duales System Deutshland）を設立した。

図表V－4．ドイツにおける包装廃棄物の回収・分別率目標

1993年1月1日～、1995年7月1日～

素　材　名	回収システムの達成すべき量		分別システムの達成すべき量	
	1993.1.1～	1995.7.1～	1993.1.1～	1995.7.1～
ガラス	60％	70％	80％	90％
ブリキ	40％	65％	80％	90％
アルミニウム	30％	60％	80％	90％
厚紙・ボール紙	30％	60％	80％	80％
紙	30％	60％	80％	80％
プラスチック	30％	30％	80％	80％
複合材料	20％	30％	80％	80％

注）「（ドイツ）包装廃棄物の抑制に関する政令」（1991年6月12日公布）環境・自然保護・原子力安全省、第6条第3項に対する付表、Ⅱ・Ⅲより作成
出所：田中勝（1997）『リサイクル　世界の先進都市から』リサイクル文化社
1997年2月　pp.162-163

②DSD社の設立

■自治体とは別の回収ルート■

DSD社は、1990年9月にボンで設立され、'91年7月から業務を開始した。

同社は、'91年6月に施行された「包装廃棄物の抑制に関する政令」（以下、包装廃棄物政令）に基づき、自治体とは別ルートで家庭用使用済包装材の回収・分別を行うことを目的に設立されたものである。

社員＝出資者として、流通業者、消費財製造業者、包装材製造業

V章　世界のリサイクル制度

者、原料製造業者等、約600社の関連業者が出資している。

DSD社は、株式会社でなく、GmbH（Gesellschaft mit beschrnkter Haftung：有限〔責任〕会社）の形態を採っている。

DSD社は、非営利目的の組織であるのに、事業会社の形態を採用していること。そして、比較的小規模な企業が採用することが多い有限会社の形態を、DSD社のような正に全国展開している大規模な企業（従業員190人、年間予算約40億マルク：1995年）が採用していること、の2点が特徴的と言える。

これは、DSD社が最初は従業員5人から始めたこと、短期で全国展開を行う必要上設立し易い法人形態を選んだ、といった事情によるものである。

DSD社は、GP（der grne Punkt）の商標（ロゴ・マーク）を定め、同社と契約を結んだ包装業者、中身業者等にその使用を許可し、その対価として使用料を徴収する。

DSD社の費用はこのGPの使用料収入で賄われる。GPのロゴはフランスのエコ・アンバラージュ社のPVと共通であり、オリジナルはドイツである。

GP

ドイツでの緑のマーク（der Grüne Punt）の略称。DSD（デュアル-システム-ドイッチェランド）社のロゴ。同社はこのマークをつけた商品の回収・リサイクルを行う。企業はこのマークをつけるためのライセンス料を支払うことによって、リサイクル費用を負担する。

包装業者、中身業者等がGPの使用契約を結ぶには、当該企業が使用しGPを付す包装が、再使用・リサイクル可能でなくてはならない。そして、GPが付された包装材のリサイクルは、DSD社が行うことを保証するものである。

消費者は、GPが付された使用済み包装材を、DSD社専用の「黄色いゴミ箱」に入れる。DSD社は、これの回収・分別に責任を持つ。

V章　世界のリサイクル制度

図表Ⅴ－5．ドイツにおけるごみ処理システム（DSD）

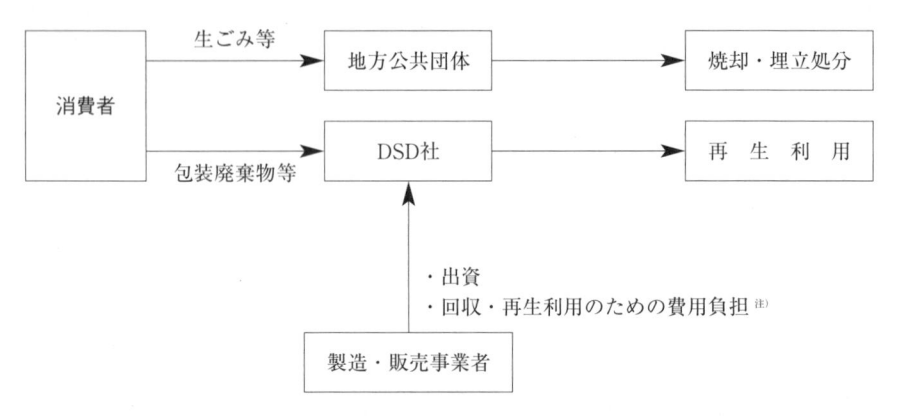

```
消費者 ──生ごみ等──→ 地方公共団体 ──→ 焼却・埋立処分
     └─包装廃棄物等─→ DSD社      ──→ 再 生 利 用
                        ↑
                    ・出資
                    ・回収・再生利用のための費用負担 (注)
                    製造・販売事業者
```

注）製造・販売事業者の費用負担額は包装の素材毎に決められている。
出所：田中勝（1997）『リサイクル　世界の先進都市から』リサイクル文化社
　　　1997年2月　p.69

③DSD社と自治体の関係

　ドイツの州（Land）の全てが、DSD社に営業許可を与えている。廃棄物処理に直接責任を持つのは都市等の自治体であり、DSD社はその多くと契約を結んでいるが、都市によっては、独自の清掃会社を有しており、DSD社による回収を好まない場合もある。

　州がDSD社に営業許可を与える際、同社の事業計画を審査する。許可期間経過後、目標（回収率、分別率）の達成度の検査が行われる。目標が達成されておらず、一定の猶予期間（6カ月）の後も未達成であれば、営業許可は取り消される。これは目標（不）達成へのかなり強力な（ディス）インセンティブになる。

　但し、比較的リサイクルが困難なプラスチックでも、1993年において、政令の目標値30％に対して回収率実績が39％、分別率は目標値9％に対して29.0％と、問題なくクリアしている。

　包装廃棄物政令は'93年から包装廃棄物の回収・分別の量席達成度の数値目標の達成を命じているが、その初年度は目標が達成されたわけである。

　DSD社は、各家庭からGPのついた包装廃棄物を回収する。ドイツでは家庭廃棄物の処理が有料であるため、各家庭がこのような選

別を行うインセンティブが存在する。

■細かい分別を支える市民■

ドイツにおけるゴミの分別は元々かなり細かく、青色の箱（芝、落ち葉、野菜屑）、黄色の箱（プラスチック、金属）、黒色の箱（その他）に別けてゴミを出す。また、ガラス瓶については、時に家から数百メートル離れたゴミ・コンテナに、白、緑、茶と別けて入れなければならない。ル・モンド紙はこれに「ドイツのごみ箱戦争」5) という題を付けている。同紙は、この結果ドイツの資源再利用率が高くなっていると述べ、ドイツ市民の意識が高いことにその理由を求めている。ドイツ国民の94％が分別収集は環境に良いと考えているとのアンケート結果を紹介している。

しかし、ドイツといえども、全消費者の環境意識が高く、ゴミをきれいに分別しているわけではないとの指摘もある。即ち、混合収集になる部分が多く、収集後の分別が不可欠になるというのである。包装廃棄物の分別も、DSD社の業務になる。

④DSD社、ギャランター、リサイクル業者の関係

■主要な業務は補助とチェック■

DSD社は、自社でリサイクルを行うわけではない。

同社の主要業務は、GPの使用を許可してその使用料を徴収し、回収・分別を行うと共に、リサイクルへの補助を行うことにある。

1998年において同社は、40億マルクの収入と300人の従業員を擁している。その従業員の半分は、無償でGPを使用している企業がいないかとか、使用料を払ってはいてもGPをつける数量を過少に申告している企業がいないか等のチェックを行っている。リサイクルに必要な業務は、他の機関に委託・委任する。

DSD社が集めた廃棄物は同社が委託契約を結んだ独立事業者の分別センターに搬入される。そのような施設には、3直（1直17人）24時間操業で、1日300〜400トンの処理が可能な施設がある。日本の同種の施設と比べると非常に大規模である。

日本ではこの作業の殆どは市町村が行っているので、自分の行政区域内の廃棄物の分別を行うことになり、余り大規模にはならない。

分別された廃棄物のリサイクルを保証（ギャランティー）するのでギャランターと呼ばれる機関である。ギャランターは各物質毎に作られ、当該業界の企業が参加する。

例えば、プラスチックならプラスチック業界が、そのリサイクルを保証するためにギャランターを作る。実際にリサイクルする部分は、その業界のエキスパートが行う。特定業者から発してずっとプロセスして、再商品化するところまで、マーケットに出すところまで考えているのがギャランターである。

⑤DKR社（Deutsche Gesellschaft fuer Kunststoff Recycling：ドイツ・プラスチック・リサイクル社）

■プラスティック・ギャランターの軌跡■

　DKR社がリサイクルが困難とされるプラスチック・リサイクルのギャランターである。この会社は、1993年7月に設立された。「包装廃棄物の抑制に関する政令」から大分遅れているのは、同社に先行して'91年2月～'93年6月までVGK社（使用済みプラスチック包装再利用会社）が存在したからである。DKR社はVGK社の業務を引き継ぐために設立された。

　VGK社もプラスチック包装廃棄物のギャランターであり、国内外のリサイクル会社と契約を結び、DSD社が回収・分別したプラスチック包装廃棄物を、それらのリサイクル会社に送っていた。これに必要な費用は、DSD社からVGK社に、VGK社から各リサイクル会社に支払われる。

　当時ドイツでは、リサイクルの形態は、マテリアル・リサイクル以外は認められていなかった。

　それゆえ、国内のリサイクル能力は、回収・分別される廃棄物に比べて過少であり、国外への依存度が高かった。

　このような背景の下、VGK社は1993年6月検察当局の強制捜査を受けた。再生能力が無いことを知りながら、海外の引き受け先にDSD社のプラスチック包装廃棄物を輸出した容疑である。その月の内に、VGK社は活動を停止した。

　業務を引き継いだDKR社は、VGK社と比較して、資本金の規模拡大（200.5万マルク→1億マルク）、株主構成の公正化（DSD社の資本参加、関係業界のシェア均等化）等の組織改善を行った。また、違法輸出の疑惑をも防ぐため、海外リサイクル会社の能力については、技術検査協会の検査を受けている。

⑥DSDシステムの是正

■システムの問題点を是正■

1994年9月に循環経済廃棄物法が公布され、リサイクル方法の選択肢が広がった。

同法において、マテリアル・リサイクルと並んで熱源としての利用も規定に含められた。一定の条件の下、熱源としての利用もリサイクルの一環に位置づけられたのである。これにより、リサイクルの方法の制約が緩められたことになった。これを以て、ドイツのシステムが、余りに理想主義的な制度から来る歪みが是正されたと取るか、理想を捨てて現実に妥協したと取るかは、人によって解釈が別れるであろう。

1993年は、デュアル・システムの歪みが表面化した年かもしれない。

同年9月にはDSD社の財政危機が明らかになった。

これについては、先ず処理業者に対する債務を低利融資に切り換え過去の赤字に対処した。また、同年10月からGP使用料を値上げし、GPの不正使用を防ぐための様々な措置を採った。これにより、その年の第4四半期には財政危機を克服した。

翌'94年10月からは従量型料金体系に変更するとともに実質的値上げを行い、'95年7月からの回収・分別率引上げへの財政的用意を行った。

⑦DSD社のシステムへの自治体の評価

自治体（市町村）からは、DSD社のシステムについて、導入当初の実績について、かなり厳しい批判がなされた。

第1は、包装廃棄物の回収量が処理能力を上回ったことである。第2は、処理料金がGP料金収入を上回ったことである。

どちらもDSD社の見通し不足と批判されている。

この背景には、GPのついた包装廃棄物は全てDSD社が回収・処理するはずであったものが、自治体が自分の費用で収集を行わざるを得ないケースが生じたことがあると思われる。

DSD社の業務対象が包装廃棄物に限られていることもあり、自治体の廃棄物処理行政軽減の度合いが限られていることも、自治体の評価を比較的低いものにしているであろう。

自治体からだけではないが、DSD社が、包装廃棄物の回収・分別の独占企業となってしまい、民間企業と言いつつも競争原理が働かず、GPが高くなっているとの指摘もある。

こういった批判に応える形で、DSD社は、分別済包装廃棄物の補助金付き処理依頼をやめ、市場化している。

■住民の負担と不満■

住民の側から、DSD社のシステム普及に伴う自治体の対応に対する不満の声が上がっている。

日経新聞は、ドイツのある主婦の例を挙げ、ゴミが減る程家計の負担が増える話を紹介している[7]。

その主婦は6年前（1991年）からゴミの減量・分別に熱心に取り組んでいる。環境への問題意識のみならず、ゴミが減れば処理費用（ドイツでは有料）も減るとの期待もあった。しかし、市がゴミ処理料金として請求する額は年々増えている。

廃棄物政令制定前の1990年には5人家族で年間276マルク（1人55マルク）であったものが、'94年は6人で694マルク（1人115マルク）、'96年は6人で896マルク（1人150マルク）と、6年間で3倍になった。同じ記事では、'91年の廃棄物政令施行以来、市町村が処理するゴミは住民1人当たり約半分になり、産業廃棄物や建設廃材も約4分の1減少したことを伝えている。

しかし、自治体のゴミ処理施設の維持費は変わらず、処理の高度化もあり、ゴミは減っても、住民の負担は却って増えるという結果になっている。

同記事は、「リサイクル経済への転換一筋縄ではいかない。手間をかける熱意と負担に耐える消費者の理解が欠かせないことをドイツの例が教えている」と結んでいる。自治体の当局者には歓迎される結びであろうが、州政府は市町村の見通しの悪さを批判している。おなじヨーロッパでも、フランスでは受け入れられにくい結論であろう。

■リサイクル技術には高い評価■

このような批判の一方、技術開発面でのDSD社（グループ）の評価は高い[8]。DSD社（のグループ）では、プラスチックの再生技術への評価が特に高く、1997年で68%のリサイクル率を達成していると言う。また、同グループに属するフーブルト・アインク社は、プラスチック廃材を高炉還元剤等に再生している。同社は、ダイオ

キシン問題を見越して、「脱焼却方のリサイクル方式にいち早く取り組んだ」とのことである。

　ドイツにおける環境意識の高さが根源にあるにせよ、環境費用を調達するシステムの確立が、環境意識の具体化を助けていると考えられる。

注記

1）　月刊廃棄物編集部（1996）pp.35-41
2）　日経調報告94-2（1994年7月）p.57による。
3）　（社）プラスチック処理協会（1994）p.7
4）　（社）プラスチック処理協会（1995）p.15
5）　EL．44（Le Monde, August 27, 1998）「ドイツのごみ箱戦争」『NEDO EUROLETTER』（http://www.nedo.go.jp/report/782、No.2653, September 3, 1998）
6）　農林水産省、食品流通審議会、第7回食品環境専門委員会（平成10年5月13日）議事録より（(財)日本容器包装リサイクル協会専務理事談、p.30）。http://www.maff.go.jp/www/council2.html #shokuryo（平成11年11月9日アクセス）
7）　日本経済新聞1997年12月8日夕刊3面「リサイクルの逆説　独、ごみ減るほど赤字に（ニュース複眼）」
8）　日経産業新聞　1997年12月17日26面「世界を駆ける欧州環境企業（下）廃材リサイクルでリード－日本も協力、飛躍の舞台へ」

3. 台湾の制度

(1) 台湾のリサイクル制度

　台湾のリサイクル制度として「資源回収管理基金委員会」がある。これは、指定物質の製造・輸入業者が拠出した資金を、主として資源回収・再生のための補助金として支出するものである。この制度が法的根拠をもって制度化されたのは1997年6月である。

　台湾における廃棄物関係の法は、「廃棄物清理法」であるが、その十条之一が同年3月に加えられ、この制度の法的な裏付になっている。類似の制度はそれ以前にも、政府の意向の下、各業界団体等によって設立された基金会等によって運営されていた。

(2)「資源回収管理基金管理委員会」制度

①一体となったリサイクル団体

　台湾では、1990年6月には、公会（業界団体）、基金会（民間で設置する基金）、リサイクル団体等、多数の団体がリサイクルに参加していた。本制度発足前には、例えば容器に係わるリサイクル運動を行っている団体は複数あり、タイヤでは2つの団体があった。これら雑多な組織が、1997年3月27日に公布された法律（改正）によって、一つの物質を管轄する委員会が複数存在しない形で、8つの基金管理委員会に集約された。

　これら8つの基金管理委員会の委員は環境保護署長が任命するものであった。しかし、元々が各業界団体が母体となった基金会が模様替えした組織であったものが多いところから、全ての委員会において過半数の委員が業界の代表であった。

　このような状況に対して、議会から批判が出たことから、1998年7月から改定・施行された制度に転換され、8つの基金管理委員会が一つに統合された。

　この委員会では、役人出身の委員を過半数にし、同委員会を環境保護署の直属組織にしたのである（図表Ⅴ-7参

> **行政院**
>
> 中華民国（台湾）政府は司法、立法、行政及び考試、監察の5院からなる。行政院は、行政院会議（11人）、8部（省）2委員会、その他委員会や署（庁）からなる。行政院環境保護署は第3層に属する。署長は内閣閣僚名簿45人中36位に記載されている。

V章　世界のリサイクル制度

照)。

但し、旧8基金の口座は今も別々である。また、8つの基金管理委員会を統合した時、各基金の余剰資金や資産はそのまま受け入れた。

②制度の概要

「資源回収管理基金」関係機関は、この制度を運営するために様々な責任を分担する(図表Ⅴ-6参照)。

図表Ⅴ-6．廃棄物清理法第十条之一による関係機関の責任分担

1998年7月1日改定：1997年7月に本制度開始

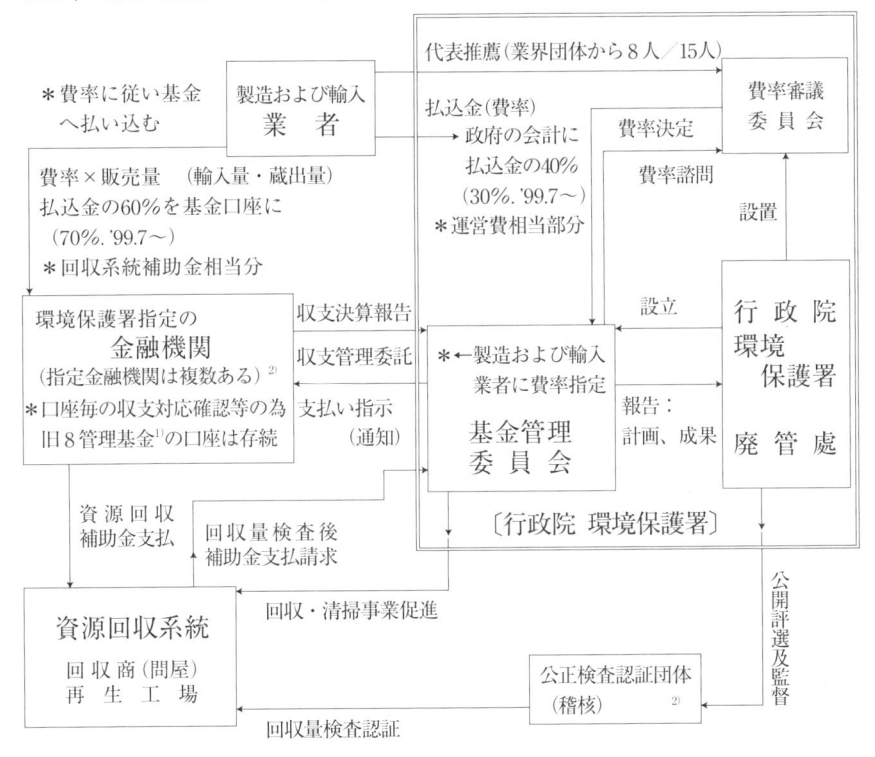

```
*費率に従い基金        代表推薦(業界団体から8人/15人)      費率審議
へ払い込む       製造および輸入                              委員会
                  業　者      払込金(費率)
                            →政府の会計に       費率決定
費率×販売量(輸入量・蔵出量)   払込金の40%                  費率諮問
払込金の60%を基金口座に      (30%, '99.7〜)
(70%, '99.7〜)              *運営費相当部分
*回収系統補助金相当分
                                                  設置
環境保護署指定の      収支決算報告                      行　政　院
  金融機関         収支管理委託    *製造および輸入    設立   環　境
(指定金融機関は複数ある)2)        業者に費率指定          保　護　署
*口座毎の収支対応確認等の為   支払い指示    基金管理    報告：
旧8管理基金1)の口座は存続    (通知)      委員会      計画、成果   廃　管　處

   資源回収     回収量検査後
   補助金支払   補助金支払請求              〔行政院 環境保護署〕
                                                              公
                                                              開
 資源回収系統    回収・清掃事業促進                            評
  回収商(問屋)                          公正検査認証団体       選
  再 生 工 場                              (稽核) 2)          及
                回収量検査認証                               監
                                                              督
```

注1．①廃機動車、②廃一般物品及容器、③農薬廃容器、④廃潤滑油、⑤廃タイヤ、⑥廃鉛蓄電池、⑦廃家電、⑧廃コンピューター（①〜⑥は1997年7月から、⑦⑧は1998年3月から）
注2．指定金融機関と公正検査（稽核）認証団体については、図表Ⅴ-8参照
出所：環境保護署資料（原図）およびヒアリング結果から筆者が作成（修正）

行政院環境保護署が、全基金を管理する「基金管理委員会」を設立する（図表Ⅴ-7参照）。

環境保護署は金融機関（図表Ⅴ-8参照）を指定して、回収資源毎に「資源回収管理基金」の口座を開設する（旧制度知りの既存口座を引き継ぐ）。外部機関への支出はこの口座を経由する。

ここでの資金は、回収を公示された資源（製品）について、該当物質の製造者及び輸入業者から、売上高に応じて一定の資金を徴収する。

この資金を「資源回収管理基金」資源回収資金の補助金として、対象資源を扱う回収商（再生工場も対象）に支払うというものである。

この資金の支出対象には、回収商以外に、資源回収箱の設置、回収資源利用商品の開発支援も含まれる。また、基金管理委員会の事務費にも支出され、資源リサイクルに必要な全ての費用をカバーすることになっている。

基金への払い込みを行うには、販売量に対してどのような率で、払い込みを行うかが事前に決定されていなければならない。

環境保護署は、このために、専門家等からなる「費率審議委員会」（図表Ⅴ-9参照）を別途設置している。基金管理委員会は、費率審議委員会に、回収対象とした物質についてどの程度の負担（費率）を求めるべきかを諮問する。

費率審議委員会はこの諮問に答えて費率を決定する。この費率に販売数量を乗じたものが、各事業者から基金へ払い込まれる金額になる。販売数量については、環境保護署は関税及び営業税（売上税）の資料が利用できるので、その把握は容易である。

図表Ⅴ－7．資源回収管理基金管理委員会委員名単（名簿）

(任期、1998年7月1日～2000年6月30日[1])

〔環境保護署〕[2]		〔研究機関〕[2]	
1．環境保護署	署長	1．中央研究院	研究員
2．環境保護署	副署長	2．中原大学	教授
3．環境保護署	主任秘書	3．中央研究員	総務主任
4．環境保護署	廃管處處長	4．台湾大学農業経済系	教授
〔行政院〕[2]		5．台湾大学機械系	教授
5．行政院主計處	第二局局長	〔経済界〕[2]	
6．行政院秘書處	第六組組長	6．全国工業総会	理事
〔省庁〕[2]		7．全国商業総会	秘書長
7．財政部	国庫署署長	〔消費者等〕[2]	
8．経済部	工業局局長	8．消費者文教基金会	董事（理事）
〔行政委員会〕[2]		9．高雄環保媽媽服務隊	隊長
9．行政院公平交易委員会　企画處處長		10．財団法人主婦連盟環保基金会	
10．行政院消費者保護委員会　簡任消費者保護官			
11．行政院研考会　研究発展處處長			

注1．月と日は、和田が補った。
注2．小見出しは、和田が補った。
出所：環境保護署　資源回収管理基金管理委員会（1998年9月）

V章　世界のリサイクル制度

図表V－8．指定回収物質毎の基金管理委員会、指定金融機関、公正検査認証団体

基金管理委員会	指定金融機関	指定回収物質	公正検査認証団体
廃機動車 資源回収管理基金管理委員会 （以下同じ）	第一商業銀行信託部	自動車	＊安侯企業管理（股）公司 KPMG
		自動二輪車	財団法人　台湾産業服務基金会
廃一般物品及容器 資源回収管理基金管理委員会 （以下同じ）	第一商業銀行	廃プラスチック容器 （PET, PVC, PE, PP, PS他）	台湾徳國莱菌技術監護顧問（股）公司
		廃鉄容器 廃アルミ容器 廃ガラス容器 廃アルミ箔（紙パックの内張り） 廃紙容器（含む古紙） 環境衛生用薬廃容器[1] 　（殺虫剤容器）	＊瑞南遠東公證股女馬有限公司 台湾分公司SGS
		廃電池（水銀を含む物）	中鼎工程（股）公司
農薬廃容器	第一商業銀行 南京東路分行	農薬廃容器	
廃潤滑油	玉山銀行民生	廃潤滑油	
廃タイヤ	第一商業銀行総行	廃タイヤ	
廃鉛蓄電池		廃鉛蓄電池	

注1．9月の調査時点では、これはSGSの調査物質に含まれていなかった。

1998年3月に開設された基金管理委員会

＊家電　　　　　資源回収管理基金管理委員会
＊コンピューター　資源回収管理基金管理委員会

出所：行政院　環境保護署（一部改訂）

図表Ⅴ－9．行政院環境保護署　費率委員会委員名単（名簿）

(任期：1997年9月から1999年8月)

〔委員〕
1. 林　世華　　　消費者文教基金会　董事（理事）
2. 方　國輝　　　行政院消費者保護委員会　組長
3. 易　定芳　　　律師（弁護士）
4. 林　志森　　　経済部　工業局　組長
5. 施　信民　　　台湾大学　化工系　教授
6. 柏　雲昌　　　中華経済研究員　研究員
7. 柴　松林　　　中国人権協会　理事長
8. 洪　玉芬　　　環境保護署　会計室　主任
9. 張　慶源　　　台湾大学　環工所　教授
10. 蘇　媛瓊　　 環境保護署　統計室　参事
11. 許　進徳　　 徳倫律師事務所　律師（弁護士）
12. 黄　提源　　 清華大学　統計所　教授
13. 賈　大駿　　 商業総会　副秘書長
14. 銭　玉蘭　　 中華経済研究院　研究員

出所：環境保護署　資源回収管理基金管理委員会（1998年12月）

③資金の流れ

　　費率は、従量的に決定され、例えば廃アルミ缶（廃アルミ容器）は、1kg当たり3.93元（1998年）といった具合に決定される。

　　この費率は、いわば原価方式で決定されており、当該物質をリサイクルするのに必要な総資金量を回収数量で割って算出している。

　　それゆえ、先の廃アルミ缶についても、留置式リサイクルを行う者は1kg3.5元とやや軽減された費率としている。

　　この費率は、リサイクル費用の変動に応じて変更することとなっており、面談調査時には、費率決定の柔軟性がかなり強調されていた。事実1997年と1998年とでは費率が異なるものが多かった（図表Ⅴ－10参照）。

　　制度発足以来日が浅いため、長期的変化の可能性については、環境保護署の側でもこの時点では資料は有していない。

　　資源回収系統に対して、資源回収補助金が支払われるが、これについても、回収費用を算定して単価を決めている。この単価も随時実情を反映するよう

留置式リサイクル

街路等に資源回収箱を留め置いて（設置して）リサイクル資源（缶・ビン・PET等）を回収する方法である。回収箱の運営が適正に行われれば効率的回収が可能となる。時と場所を定めて回収に廻る、自治体の資源回収と対照的な方法である。

に決定される。

　また、資源回収補助金支払いの対象となるには、その業者としての登録が必要である。環境保護署では、登録事業者となる機会は誰にでも開かれていることもかなり強調していた。

　資源回収補助金額は、定められた単価に回収数量を乗じて計算される。回収した数量の確認には、環境保護署が選んだ公正検査認証団体が当たり、資源回収量を検査認証する。これに基づいて、回収商等は補助金等の支払いを基金管理委員会に請求する。

　委員会は、基金管理委員会は支払いの指示を行い、基金を管理している金融機関が資源回収補助金を回収商等に支払う。

　これら「指定回収物質」の内、日本の一般廃棄物と大体同じであると説明されたものが、「廃一般物及容器」である。

　各種プラステッィク容器、その他飲料用（食用も含む）容器とその関連物質、古紙、殺虫剤容器と水銀電池がこの対象物となっている。その他の「指定回収物質」は、日本であれば産業廃棄物に分類されそうなもので、多くが処分困難なものである。構成検査認証団体は、機動車は自動車と自動二輪車に各々認証団体があり、廃一般物及容器については、3つの団体が当たっている。産廃に属する物質と処理困難物である水銀電池については同じ団体が認証に当たっている。対象物質の性質等による認証団体の棲み分けが感じられる。

V章 世界のリサイクル制度

図表V-10. 一般廃棄物回収清掃処理費 費率表（1998年）

項　　目	1997年　費率	1998年　費率
廃鉄容器 含廃鉄○3)	内容物3kg以上 　1本当たり　0.18元 （1kg当たり約0.06元） 内容物3kg以下 　1本当たり1)0.06元 （1kg当たり約0.9元）	（1）1kg当たり3.16元 （2）留置式リサイクルを行う者は2)1kg当たり2.8元
廃アルミ容器 含廃アルミ○3)	500cc以上、0元 500cc未満、 　1本当たり0.03元 （1kg当たり約1.65元）	（1）1kg当たり3.93元 （2）留置式リサイクルを行う者は2)1kg当たり3.5元
廃ガラス容器　○3)	1kg当たり2.5元	1kg当たり3.23元
アルミ箔（紙パック中）×4)	1kg当たり0.3元	1kg当たり11.11元
紙パック　含古紙3)	1kg当たり2.5元	1kg当たり3.94元
廃プラスチック容器（ペットボトル） ○3)	1kg当たり10.29～18.816元 実施回収奨励金（消費者への払戻金）分として、この他に1本当たり　0.7元	（1）1kg当たり14.01元 （2）容器の材質が単一のものは（複合材料でない）、1kg当たり13.01元 実施回収奨励金（消費者への払戻金）分として、この他に1本当たり0.7元（実施回収奨励金は、1本当たりは1本当たり1元であるが、実際の営業量を勘案して、その100分の70を課す）
廃プラスチック容器（PVC） ○3)	1本当たり0.77～1.6元	1kg当たり19.55元 実施回収奨励金（消費者への払戻金）分として、この他に1本当たり0.7元（実施回収奨励金は、1本当たりは1本当たり1元であるが、実際の営業量を勘案して、その100分の70を課す）
廃プラスチック容器（PP／PE） ○3)	1本当たり0.034～0.6元 （1kg当たり約4～5元）	（1）1kg当たり12.55元 （2）容器の材質が単一のものは（複合材料でない）、1kg当たり11.03元
廃プラスチック容器（その他プラスチック） ○3)		（1）1kg当たり12.03元 （2）容器の材質が単一のものは（複合材料でない）、1kg当たり11.03元
廃プラスチック容器（PS未発泡）	1kg当たり3.25元	1kg当たり9.00元

V章　世界のリサイクル制度

項　　目	1997年　費率	1998年　費率
廃プラスティック容器（PS発泡）　×4)	実際の支出額は少ないため、各単位の標準取得金は、基金により支出額は毎月訂正する。	1kg当たり42.57元
特殊環境衛生用薬（殺虫剤）　×4)	製造あるいは輸入製品 1．粒剤類　1kg当たり0.83元 2．その他　1kg当たり1.55元	製造あるいは輸入製品 1．粒剤類　1kg当たり0.83元 2．その他　1kg当たり1.55元
廃水銀電池　×4)	1kg当たり60元	1．円筒型　1kg当たり89.45元 2．箱型　　1kg当たり97.83元 3．ボタン型　1kg当たり279.51元
廃機動車両　○3)	1997年6月〜10月 　自動車　　1台当たり3000元 　自動二輪　1台当たり700元 1997年11月〜12月 　自動車　　1台当たり2000元 　自動二輪　1台当たり500元	自動車　　　1台当たり1000元 自動二輪　　1台当たり250元
廃タイヤ　×4)	内径10"以下、　1本当たり10元 内径12"-14"、　1本当たり50元 内径15"-19"、　1本当たり60元 内径20"-23"、　1本当たり150元 内径24"以上、及び特殊タイヤ 　　　　　　　1本当たり300元	内径10"以下、　1本当たり10元 内径12"-14"、　1本当たり50元 内径15"-19"、　1本当たり60元 内径20"-23"、　1本当たり150元 内径24"以上、及び特殊タイヤ 　　　　　　　1本当たり300元
廃鉛蓄電池	1kg当たり1.922元	
廃潤滑油　×4)	1ℓ当たり0.487元	
農薬廃容器　×4)	輸入原料　輸入金額、1米ドル当たり、0.35元 輸入製品 　1．粒剤類　　1kg当たり0.83元 　2．水和剤類　1kg当たり0.97元 　3．その他　　1kg当たり1.55元	輸入原料　輸入金額、1米ドル当たり、0.35元

注1．原資料では、1kg当たりとなっているが、誤りと思われるので訂正した。
注2．製造・輸入業者が、廃棄された鉄缶の回収箱を設置する場合は、リサイクル費用が少ない（とみなす）ので、費率（事業者負担）は少なくなるのである。
注3．○台北市で資源回収の対象としているもの。
注4．×台北市で資源回収の対象としていないもの。
　（台北市がある物質を回収対象にしない理由として、①再生処理の困難さ、②二次公害、③貯蔵施設の大きさ、④作業員の安全、⑤民間の処理体制の整備、⑥回収効率、等を挙げている）。
注5．この他、蛍光灯、コンピューター、テレビ、冷蔵庫、洗濯機、エアコンも、①処理体制の不備、②大きな貯蔵施設（土地）の必要性、を理由に台北市の回収再生対象としていない。
　（注3．4．5．は、環境保護署〔国家機関〕で、回収を公告しているものである）。

出所：環境保護署　資料

(3) 資源回収管理基金

①管理委員会

　1997年6月から1998年6月30日まで、資源回収管理基金管理委員会は、業界選出の委員が過半数であった。

　例えば、廃棄車輛等に関する基金は、旧資源回収管理基金制度が開始された1997年6月1日からは、17人の委員を擁する委員会によって運営された。委員は環境保護署が任命するが、10人が業界の代表者、7人が学者等であった。こういう委員会が8つあった。

　1998年7月1日から、8つの委員会が1つに統合され、委員会委員の定員は15～21人となっている。最初なので、定員一杯の21人の委員を任命した体制で発足した。11人が役人、10人が民間からである（図表Ⅴ-7参照）。

②収入：費率

　資源回収管理基金からは、多方面への資金提供が予定されているが、現段階では資金不足はない。むしろ、費率の徴収が先行して基金に資金が蓄積され、費率負担企業からの批判がでている。その批判に答える形で、自動車と自動二輪車に関する費率はかなり引き下げられている。

　払込み金は、販売量に対する一定の料率（費率）を乗じて金額が決定される。

　これを計算するために、専門家等からなる「費率審議委員会」が、基金管理委員会とは別に設置される（図表Ⅴ-9参照）。

　同委員会は、基金管理委員会から、回収対象とした物質について、製造・輸入企業にどの程度の負担（費率）を求めるべきかの諮問を受け、費率を決定する。

　基金への払込金は費率に販売数量を乗じて計算される。販売数量については、関税及び営業税（売上税）の資料が利用できるので、その把握は容易とのことである。

　費率は、いわば原価方式で決定されており、指定回収物質の回収・処理、特に回収に必要な総費用の見込み金額を算出して、この総費用額を見込み回収数量で割って決定している。

　費率はリサイクル費用の変動に対応するべきものとされており、

1997年と1998年とでは費率が異なる物資が多い（図表Ⅴ－10）。制度の発足が1997年6月であるから、調査時点での資料は、この2年分が全てである。

この2年を比較すると費率は、据え置かれたものもあるが、上昇したものが多い。その中では、廃気動車（自動車と自動二輪車）の費率が顕著に下がっているのが目立つ。

プラスティック系の容器（PET、PVC）には、この制度の中では例外的に、消費者への払戻金制度が採用されている。理由として、これらは埋立地への負担が大きいので、特に回収率を上げる配慮がなされているとのことであった。

収入は、かつては全ての費率は基金口座に払い込まれていたが、制度変更後の初年度（1998.7.1～1999.6.30）には、収入の40％を政府の会計に入れ、60％を基金の口座に入れることとされた。

2年目からは30％と70％になる。銀行の口座（従前と同じ）に入れる分については、検査機関の認可無しでは支出しない。

政府に入る40％は、検査機関（5％）、基金管理委員会運営費（行政費：5％）、教育宣伝費、消費者団体等資源回収に貢献する団体に支出する。

事業に係わる直接的費用＝回収商への支払い分を基金口座に、その他間接的部分を政府の口座に入れるとのことである。

③支出：補助、事務費、他

台北市環境保護局

台北市は、首都であると同時に、台湾省、福建省、高雄市と並ぶ省レベルの地方政府である。環境保護局は同市の24個ある行政単位（局、處、會、公司）が示されている中で、8番目に記載。市政府の中では、局が行政部局の最大の単位である。

資源回収管理基金の事業目的としての支出には、回収系統への補助金の支出以外に、再生資源の用途開発のための技術研究等も含まれる。また、小売り業者の店頭に配置する回収箱に係わる費用も、基金から出されることとなっている。

地方政府に対しても、回収費用の補助がある。

資源回収系統に対して資源回収補助金が支払われる。補助金の支払いについても、回収費用を算定して単価を決めているとのことである。この単価も随時実情を反映するように決定される。

資源回収補助金支払いの対象となるには業者としての登録が必要である。登録業者は、例えば、人口144万人の高雄市では28であった。回収事業について補助金が提供

されるので、登録事業者となることを希望する者は多いとのことである。また、環境保護署では、登録事業者となる機会は誰にでも開かれていることを強調していた。台北市政府環境保護局では、資源再生事業を営む者が少ないことを悩みとしていた。全収入の内、事務費は5％（管理委員会運営費等）、検査費は5％（検査団体への委託料）を占める。

(4) 費率審議委員会

①費率審議委員会委員の選任

費率審議委員会は行政院環境保護署の中に設置される。制度改定前の1997年9月設置されたが、基金管理委員会のように8つではなく、当初から1つだけ設置されていた。費率審議委員会は計15人の委員で構成され（当時は14人が就任）、環境保護署長が指名して選任される（図表Ⅴ-9参照）。委員長は委員の互選で選ばれる。委員の任期は2年だが再任の妨げはない。

②費率の計算方法

費率の計算方法は、基本的には、下記に示す、予め決めてある幾つかの原則に準じることとなっている。（『廃特定物品及容器回収清除処理辦法』、第二十五条による）。

（1）　リサイクル対象物質等の、材質、容積、重量、汚染度、リサイクル価値
（2）　回収率（回収量÷販売量、で計算する、過去の実績に準じて回収率を想定）
（3）　毎年決定される各回収物に関する回収率目標（環境保護署で決定、大体70％）
（4）　回収原価、回収費用

例えばタイヤであると、①収集・回収費、②ストック費用、③輸送費（清運費）、④中間処理費（汚物除去費用等）、⑤最終処分費用（小さいパーティクルにする費用）、の合計が、費率計算の根拠である処理費用の中身となる。どこに重きを置くかについては、環境保護署は干渉しない。

③運営

■補助金■

　　回収商への補助金は、物質毎の平均値によって補助金率を決めている。地域による運搬費の差異を勘案するので、回収商によって受け取る補助金のレートは異なる。

　　回収率が標準値の70％を超えると、総予算の制約から、回収商への補助金は削減される。

　　このやり方は、本制度の目的と矛盾すると考えられるが、単年度における収支の均衡を重要視する立場からは、止むを得ないのであろう。但し、実際の管理基金の収支状況を見ると、このような調整の必要はないように思える（図表Ⅴ－13参照）。回収率の計画等は費率委員会で作る。

　　費率は、回収・処理費用を新製品の出荷額で割って計算している。回収・処理費用は、各々の物質毎に、単位当たり処理費用を計算して、それに総出荷量と回収率を掛けて計算する。

　　原資が確保されている補助金総額は出荷量が同じ限り変わらないので、回収率が上がると、単位当たり補助金額（補助率）を下げて調整することになる。

■調整■

　　費率委員会に対しては誰でも意見申告が可能で、資料と意見書を出すことができる。

　　例えば、ヨーグルトの瓶は小さいから回収が困難との意見が出て、相応の配慮をしたことがある。回収商が日本の資料を持ってきて交渉に来た。その時には、委員会のメンバー（委員長を含む）が日本に見学に行った。

　　他の例として、国産タイヤと輸入タイヤで回収率が異なる。輸入時にはタイヤが自動車についているのが通常である。タイヤを外した場合、別物として負担を求められるのは不合理であるとの申請が出たことがある。

　　自動車の費率が3000元なのは計算違いであると、消費者基金会のメンバーが批判し、費率委員会に交渉にきて自動車の費率が1000元に下げられた。

■回収率■

　　現在、目標回収率は70％である。100％回収が目標であるが、現

実的な目標をたてている。

　残りの30%は廃棄されるものとして、廃棄処理費用（焼却費、埋め立て費）を加算している。1kgの廃棄処理費用原価には規定があり、物質による相違はなく、一律である。焼却、埋め立ての処理費用は皆同じである。だから、街でタイヤが捨てられていたとして、この処理費は既に負担されているのである。廃棄される30%分の収入は、地方政府の清掃隊に補助金として、処理量に比例して支払う（重量ベース）。

(5) 公正稽核（検査）認証団体

①公正稽核（検査）認証団体

　回収商への補助金は、回収商の申請に基づいて行われる。補助金額は、公聴会、消費者基金会との相談等によって決められる。回収商の申請の適否を検査認証機関の検査によって、確かめるわけである。

　この制度の支出側の中心的要素は、資源回収者に補助金を与えることである。「上政策、下対策」のお国柄から、補助金給付に当たっては、かなりの不正請求が起こりえる。また、回収資源の適正さ（量、質、在庫、等）の検査には膨大な労力を必要とし、検査に当たる者には相応の訓練と規律が必要なので、検査工程については多大な費用が必要となる可能性がある。実地調査（ヒアリング）前には、検査コストの大きさが、台湾の制度における重要な欠点ではないかと考えていた。これについては、台湾の環境保護署は見事な対応策を用意していた。

　不正給付については、世界的なネットワークに属する信用ある検査・監査機関を、検査認証公正団体とすることによって解決していた。少なくとも訪問した2機関はそうであった。SGS（総合検査会社）はスイスに本部を置く世界的な検査会社であり、台湾にある会社はその支社の位置付けである。KPMG（4創立者の頭文字）は監査法人の世界的連合組織であり、そこに参加している台湾の会計士事務所の別組織として検査機関が設けられている。専門の検査会社と公認会計士の信用と監査能力を活用した訳である。

②検査方法

　　検査工程における多大な費用発生の可能性については、調査ポイントを絞ることで対応していた。

　　日本でもリサイクル率向上が課題となっている容器類として、台湾で再生対象となっているものに、アルミ缶、鉄缶、ガラスビン、紙パック（SGSが検査を担当）がある。この各々のリサイクル物品について、僅かな数の工場を調査対象箇所としている。アルミであると、一寸前までは全国で一箇所の工場のみに、使用済アルミ缶が搬入されていた。そのため、検査には比較的少ないマンパワーで対応でき、検査費用も比較的小額（費率収入の5％程度）で済むという訳である。

　　「資源回収管理基金」制度は、製造業者や輸入業者から支払われた資源回収用資金を、資源回収に当たる機関（再生工場、廃棄物問屋＝回収商）に支払うことを根幹としている。

　　資源回収補助金額は定められた単価に回収数量を乗じて計算される。この制度の運営では、回収された資源の量（及び質）を確認することが重要な要素となる。

　　回収した数量の確認には、環境保護署が選んだ公正検査認証団体が当たり、資源回収量を検査認証する（図表Ⅴ-11該当欄参照）。

　　認証団体の認証書に基づいて、回収商等は補助金等の支払いを基金管理委員会に請求する。基金管理委員会はこの請求に基づいて支払いの指示を行う。

　　基金を管理している金融機関は、委員会の指示によって、資源回収補助金を回収商等に支払う。

　　認証団体の認証は、廃棄物を再生工場に持ち込む際の立会い検査によって行われる。その時には、検査管制伝票（マニフェスト）を使用する（図表Ⅴ-11参照）。

③マニフェスト

　　一般廃棄物の公正検査認証団体である遠東公証公司の高雄支所は、関係の事業者等と協力して、所轄回収資源のマニュアルを作成・配布している。

　　このマニュアルには、回収資源の計量の仕方（トラック・スケールの利用）、取り引き単位の指定（アルミの場合で10トン）、水分等

V章　世界のリサイクル制度

> **マニフェスト**
>
> 積荷目録（Manifest）のこと。廃棄物について言う時は、管理票と呼ばれる。特に産業廃棄物処理の管理に使用する伝票を言う。運搬、中間処理、埋立処分の各々の段階で伝票に記入され適正なごみ処理の実施を確認する。電子化を推進中である。

を計量の際除去する方法（目測等）等が説明されている。マニュアルには、回収資源回収量認定のマニフェストも含まれる。

登録回収商は、納品の時間と場所を基金管理委員会と納品先工場に通知する。その時間に認証団体から係員が来て納品を確認する。4枚綴りのマニフェストに回収商、再生工場、認証団体（係員）が各々判を押す。そのマニフェストには、廃棄物の種類、回収商の名前、出荷（原語：出貨）場所、納入時間、再生工場の住所、車の許可ナンバー、運転手のサインが必要である。

4枚綴りのマニフェストは、回収商（2枚）、再生工場（1枚）、認証団体（1枚、確認のため来た係員が持ち返る）が各々取る。回収商はそれを基金管理委員会に持ち込む。これによって委員会は資源回収量の確認を行い、予め定められた単価によって、補助金の支払いを基金口座を管理している金融機関に命じる。その際、①不可抗力により認証団体職員が立ち会えなかった場合、②回収商が資料（マニフェスト）を提出しなかった場合、③納入時間に納品の車が遅れて来た場合は、一件毎の納入に関する認証が取り消される。

回収商と収集業者に補助金を出す際、詐欺防止に意を用いており、検査機関は在庫の検査や確認も行う。

アルミニウムの場合では、まず、工場入荷時に立ち会い、入荷量と質を確認する。そして、溶解炉に入れたアルミの量を確認し、在庫量との照合を行う。在庫については、写真を撮ったり、スクラップに印をつける等して、搬入スクラップの二重計算等の不正やごまかしの防止に努めている。

（6）回収商

回収商とは、回収を公告（公示）された物資（廃棄物）を集めて再生工場に持ち込む者のことである。

回収商は、「資源回収管理基金委員会」に登録しなければ、補助金の支出対象とならない。

回収商の数は全体で781と、単純合計しても800足らずである。しかもコンピューター系の回収商が過半数を占めており、他の物資の

V章　世界のリサイクル制度

図表Ⅴ－11．公告應回収の一般廃棄物検査管制伝票（4枚一組）

容器項目：□ アルミ箔　□ 紙パック　□ ガラス　□ 環境衛生用薬容器 □ 鉄缶　□ アルミ缶		
回収商：〔業者の名前〕	出貨地点：〔回収物質の出発地点〕	
予定出貨重量：　　kg（輛）	工場搬入予定時間：　年　月　日　時　分	
処理工場：〔工場名〕	工場所在地：〔工場所在地〕	
計測重量：　　　　kg	車の許可ナンバー：〔注．車輛も許可が必要〕	運転手のサイン：
（1）回収商捺印	（2）工場捺印	（3）検査認証機関捺印
資料正確無誤を保証する 年　月　日　時	上述計測重量が正確であることを保証する 年　月　日　時	年　月　日　時
（出貨時間）	（到貨時間）	（捺印時間）

注：上記伝票の〔　〕印は、筆者の加筆

・本伝票は処理工場に搬入する回収商に適用される。本伝票は4枚一組であり、検査時に、回収商（2枚）、処理工場、検査認証機関に渡される。基金管理委員会には、後日、回収商が提出し、これを以て補助金請求の根拠とする。その際、検査認証機関が受領した伝票との突き合わせが可能である。（伝票の下の注意書きは省略）

　　回収商は少ない（図表Ⅴ－12参照）。管理基金からの補助金が受けられるので、回収商登録希望者は多く、登録には特段の制約もないそうである。それにしては、回収商の数が比較的少ないのは、相応の収集規模（量）が求められるからであろう。
　　収集規模（量）を大きくして、参入する回収商の数を少なくすれば、検査の手間が相対的に少なくなるわけである。1回当たりの搬入量を多く設定することも同一の効果を有する。
　　今まで述べてきたように、検査機関が厳正に検査を行っているとすれば、ごまかす余地は少なくなって制度の厳正な運営が可能となる。これは同時に回収商側に、規則への遵守費用を大きくすることとなり、これも回収商としての新規登録への一種の参入障壁として

機能する可能性がある。これらにより、回収商相互の競争は不完全化し、不効率が発生する可能性があり得る。また、回収商登録が一種の既得権益になる可能性も無視できないであろう。

　回収商の中身も、物資（業界）によって、多少異なる。

　家電における回収商は、貯存場商と位置づけられている。廃家電を実際に回収するのは、日本と同様、販売店、メーカー、輸入業者、量販店、中古商、清潔隊（地方政府の清掃作業組織）、その他（単純に回収を行う業者を含む）、である。名前は回収商でも、回収という行為を行うだけでなく一定の前処理をして、再生工場に物資（＝廃棄物）を持ち込む者が回収商なのであろう。

　アルミニウムでは量をまとめて一定の質を確保することが求められるが、家電では解体・破砕が前処理に含まれるのであろう。

　貯存場商は、家電の回収、分類、解体、破砕を行う事業者とされている。日本で言えば、廃棄物を溜めておくヤードを備えた、解体業者やシュレッダー業者のような業態の事業者であろう。

　貯存場商で解体・破砕されてスクラップ化された家電の、再生可能部分が再生工場に搬入される訳である。回収業者全般に、基金から、回収奨励金と回収のための管理費が払われる。また、貯存場商には、貯存管理費と貯存費が支払われる。

図表Ⅴ－12．資源回収商（担当機関に登記されたもの）

回収商の種類（回収廃棄物）	回収商数（台湾合計）
容器類回収商	124
廃機動車輌	132
廃タイヤ	8
廃家電	27
廃鉛蓄電池	1
廃潤滑油	81
廃コンピューター	408
合計（単純合計）	781

出所：資源回収管理基金管理委員会（1998年12月調査：田中厚彦教授による）

(7) 収支：資金余剰

　　台湾における現在の「資源回収管理基金」制度が始まった1998年7月から同年11月までの5ケ月間の収支の資料が入手できた（図表Ⅴ－13）。

　　総収入は、26億9,299万元である。これを12ケ月分に単純に計算し直すと（5で割って、12を掛ける）、64億6,317万元になる。年間で250億円余の費率収入がある計算になる。

　　資金余剰の発生率はかなり高い。信託部分（直接経費部分）全体でも約3分の1が収支差額となっている。廃棄一般物品及び容器（要するに容器類）と農薬廃容器は収入に占める収支差額の比率（以下、余剰金率）が低い。それに対して、廃機動車、廃資訊物品（コンピューター）の余剰金率は80％を超える。廃潤滑油に到っては、殆ど使っていないと言える。

　　ここでの資金の多くは、直接に回収商等に補助金として交付される部分である。事務費等に充てられる非営業部分においては、総体の余剰金率ははるかに大きく、6分の5が収支差額となっている。それゆえ、非営業部分の収入は全収入の36％弱に対して、収支差額全体に占める比率は非営業部分が60％弱となっている。

　　新制度に切り替わって間が無い時期であるので、経過的に収入が多くなっている部分はあると思われる。また、本制度の仕組みとして、収入は指定物品の出荷に応じて得られるが、支出は検査や申請を経てから行われるので、収入の時期に対して支出が一定時期遅れることはあり得る。特に事務費では、年度末に計上される支出もあるので、本表での余剰金率が平年度に比べて過大に表示されている可能性は高い。

　　それにしても、6基金における収支差額の率は余りに高く、制度の熟成度がかなり低いとの感は否めない。また、本制度について、資源の適切な配分に関する厳しい批判の余地を残すものと言える。

　　しかし、制度運営の安定性の観点からすると、このような資金余剰の存在は、かなり好ましいものとも言える。

　　制度が熟成し、回収率の見込みが正確になるまでは、資金準備は多い方が、制度運営は楽なのである。

　　日本における家電リサイクル法の下において予定されているシステムが、資金不足を心配されていることを考え合わせれば、この長

V章　世界のリサイクル制度

所は明らかであろう。

図表Ⅴ－13．資源回収管理基金、収支計算書

1998年7月1日～11月30日
単位：台湾元

1．信託部分				
項　目	収　入　額	支　出　額	収　支　差　額	余剰金率[7)8)] ％
廃機動車輛[1)]	281,467,808	43,684,839	237,782,969	84.48
廃棄一般物品及び容器	[2)] 957,033,523	896,937,419	[3)] 60,096,103.75	6.28
廃鉛蓄電池	21,232,832	6,868,390	14,364,442	67.65
廃タイヤ	165,236,320	84,389,697	80,846,623	48.93
農薬廃容器	10,515,758	8,984,088	1,531,670	14.57
廃潤滑油	28,127,665	462,320	27,665,345	98.36
廃資訊物品（コンピューター）	106,078,689	18,481,086	87,597,603	82.58
廃電子電器物品（家電）	158,933,784	90,604,809	68,328,975	42.99
小計[4)]	1,728,626,379	1,150,412,648	578,213,731	33.45

2．非営業部分	964,361,219	131,843,000	832,518,219	86.33
総計に占める非営業部分％	35.81	10.28	59.01	

総計[5)]：7～11月の5月分	2,692,987,598	1,282,255,648	1,410,731,950	52.39

1年分総計[6)]	6,463,170,235	3,077,413,555	3,385,756,680	同上

注1．廃機動車輛の収入額には、未加算部分がある（原注）。
注2．廃棄一般物品及び容器の収入額は、収支差額＋支出額、で計算原資料では、本欄は空白。
注3．原資料では、本欄の数値は未確定とのことである。
注4．原資料では、本欄は空白（執筆者が計算）、小数点以下四捨五入。
注5．原資料では、本欄は空白（執筆者が計算）。
注6．注5の数値に、5分の12を乗じて計算した（筆者）。
注7．収支差額÷収入額×100（パーセント）。
注8．本欄は執筆者が作成して、元の表に加えた。
出所：資源回収管理基金管理委員会（1998年12月調査：田中厚彦教授による）

(8) 車輛リサイクル制度の沿革

①廃車（バイクを含む）リサイクル制度の3段階

廃機動車（車とバイク）は、主たる公告回収資源の一つである。これに対応する業界団体は、台湾区車輛工業同業公会である。

リサイクル・システムが作られる以前は、自動車が、それ以上乗れなくなる位古くなったり、壊れたりすると、（売れる）部品等を外してそれを売り払い、残りは道端に棄てるということが多く見られた。台湾のモータリーゼーションの進展と共に、問題が大きくなり、対応策が採られることとなった。この対応策は3つの段階に分けることができる。

第1段階は、1994年の政府の指令により1995年1月1日から実施された基金会によるものである。台湾区車輛工業同業公会が基金会を作ったのだが、政府の命令により、業者の義務として強制的に行うこととなった。その際、法の定めにより、廃車を自分で処理しても良いし、他の団体に委託しても良いことになっていた。

第2段階は1997年7月に始まった資源回収管理基金管理委員会制度である。これは、環境保護署の管理の下に、物質・商品別に、車輛、家電、コンピューター等8つの基金管理委員会が置かれていた制度である。車輛公会の基金会もこの時、資源回収管理基金管理委員会制度に移行した。

第3段階は、1998年7月に開始された。これは、上記制度を改訂したもので、8つの基金管理委員会が統一され、環境保護署の組織となった制度として再発足した。

②車輛公会の基金

車輛公会は廃車の処理を外部委託した。

委託先の団体は解体業者等で、費用は、公会と処理団体の双方で交渉して決める。決定された費率は環境保護署に報告する。

この費率に従って、各企業は基金会に資金を払い込む（費率×出荷台数）。基金会設立時点で、自動車3000元、自動二輪車700元の費率が決まった。これは、新車の蔵出し（出荷）ベースで払い込む。費率計算の基礎となった処理費用には運送費用も含まれ、狭義の処理費用と運送費を足して、広義の処理費用を計算している。

費率の払い込みは新車販売台数によるが、支出は廃車の台数による。自動車は年々40〜50万台の新車販売があるが、年間廃車台数は10万台程である。自動二輪車も年間新車販売台数は100万台程だが、廃車は年間20〜30万台程である。それで基金への払い込みが支出をかなり上回り、1995〜96年の第1段階で、基金会に30億元以上の資金が蓄積された。

③費率について

費率は廃車を処理する費用を事前に集めるものである。

費率を利用する処理システムに乗せないで廃車が処理されれば金は余る。解体した部品等を自分で古物屋（古物商）に販売した方が収入が多くなることがあるので、車が壊れても自分で解体処理する人がおり、これは処理システムの外側になる。

費率は、自動車の大小に関係なく一律で、バス、トラック、乗用車、小型車全て3000元であった。途中若干の変遷を経つつ、自動車の費率は1998年1月から1000元となった。

自動車・自動二輪車の製造業界としては、政府の政策に賛成しており、これまでの3〜4年間、自動車3000元、自動二輪車700元の費率を負担しているが、特に異議や反対意見はなかった。国内メーカー、外資メーカーとも、かつてのやり方を了解していた。

彼らにとって、費率は自動車生産費用の一つで、出荷時に3000元乗せて蔵出し価格とする。この分が消費者に転嫁されるか否かは、自動車販売競争の中で決まっていく。

全てを消費者に転嫁できる流通業者もいれば、できない業者もいる。流通業界の負担になっている部分もあるが、政府の法律による負担増であるから致し方ないとの態度であった。費率も事実上公租公課の一部であり、かなり多額の税負担が課されている、自動車・自動二輪関係業界としては、この程度の負担は大して重くも感じないのかもしれないとの感想を持った。

④基金管理委員会制度

1998年1月から、自動車の費率は1000元に減額された。それでも年間収支ではやや余剰が残る感じである。1998年から、廃車を1台1台チェックして補助金の支払いを決定するようになった。自動車の登録証、車輌に掛かる税金の納税証明書等、沢山の書類を揃える

V章　世界のリサイクル制度

必要があり、基金管理委員会制度に移行してから、システムを経由する廃車の量が減っているようである。費率の徴収は確実であるが、それに比べて支出が少ないから、1998年（6月末）時点で、自動車の資源回収管理基金残高は45億元になっていたはず、とのことである。車輛公会はこれを運営して資源再生をどう進めるかの研究費用に充てることを主張している。基金に45億元もの資金が蓄積された背景には、この資金の運用（制度目的に沿った支出）が厳しいので、支出が制約されていることにある。

⑤リサイクルの現場の声

　関係業界からすると、政府を小さくして民間に任せる部分を大きくしようというのが、今の世界の趨勢であるのに、基金会から基金管理委員会、そして、委員会を環境保護署に取り込むという動きは、この流れに反するものであるように映るようである。

　また、10年以上使用してから廃棄する自動車は、書類が不備なものが多く、書類審査が厳しく、時に時間がかかる管理基金制度を通さず、自分で（システムの外で）廃車にすることが多いとのことであった。

　また、現場で次のような意見も聴かれた。

　「政府が認める解体業者は、①二次公害を生じさせない設備を整備していること、②解体業者は利益が出る水準の売上げを得ているから、基金からの補助金は不用である。」

　「基金会時代の最終廃棄物の処理は簡単だった。今は、法に則った処理をしようとすると、金がかかるので、基金による支援が不可欠である。」

　「不法投棄を行えば利益は出るが、罰則があり、警告して従わなければ、罰金とか営業停止とかの処分を受ける。」

（9）効果

①不正防止と行政費用の抑制

　補助金単価が予め定まっているので、資源回収量が回収商の収入に直結する。これが、回収量増大のインセンティブとなる点は特に評価できる。

　製造業者と輸入業者は基金への払込義務、小売店等販売業者には

V章　世界のリサイクル制度

回収箱の設置義務がある。これらは法定の義務であり、従わない者には罰則が用意されており（清理法、同時期に制定）、強制執行や罰金の定めもある。重大な違反者には、罰金の重加算や停業処分（営業停止）も行われる。業界毎に回収率の目標が作られ、目標が達成出来なかった事業者には罰則が設けられている。回収箱の設置等に関して小売業者が非協力である場合の罰則もあるが、協力者への資金的誘因もあり、小売業者の非協力の問題は殆ど発生していないようである。

何よりも大きな不正防止方法は、専門検査機関による厳正な検査であり、この検査を通らなければ回収商等は補助金を得られないことである。

検査機関には、前述の非営業部分の中から、総収入比5％程度の検査費用が払われているとのことである。この金額は、行政経費抑制の観点からも望ましい範囲に納まっていると言える。

回収率が高くなっても、あるいは信託部分の余剰金率が下がっても、検査費用が現在の水準から大きく増えなければ、妥当といえるであろう。検査機関は入札によって決められるので、先行者の利益の大きさはまだ分からないが、制度的には最低費用を提示した機関が行うことになり、費用面での過大さは避けられるはずである。

②本制度の効果

リサイクル推進制度を評価する上で最も重要な点は、この制度がどの程度回収率を上げたかである。

現行の資源回収管理基金委員会制度の前も、各業界団体（公会）等に、該当する物品の回収・処理に関わる基金会を作らせ、回収目標率を提示して、その達成に務めさせる制度があった。手元には、「資源回収管理基金委員会」制度になってからの回収率を示した数値は無いが、基金会時代の数値がある（図表Ⅴ-14参照）。

これを見ると、近年回収率が顕著に上がっている事が分かる。一般容器については、殆どのものが1995年ないし1996年には、政府が定めた回収率（公告回収率）をクリアしている。その率も年々引き上げられており、ペットボトル、鉄缶、アルミ缶については、1995年以降、65～70％の目標値とされ、タイヤについては100％超える回収率を示す時期もある等、非常に高い回収率が記録されている。先に述べた自動車等については、1996年で80％以上の回収率が示さ

V章 世界のリサイクル制度

図表V-14. 一般廃棄物回収管制公告規定

項 目	回収公告	処理弁法発布	回収率期限	公告回収率	業者回収率	回収量 (kg)	製品売却量 (kg)	基金会、公会
ペットボトル	89.01.31	94.04.15	89.06.26-90.06.25	50.00%	33.46%	3,625,369	10,836,251	台湾区汽水工業同業公会
			90.06.26-91.06.25	50.00%	26.16%	3,220,200	12,311,270	台湾区醬菊工業同業公会
			91.06.26-92.06.25	55.00%	41.04%	4,642,267	11,321,534	中華民国輸入環境保護基金会 85年未申報
			92.06.26-93.06.25	60.00%	80.47%	9,276,092	11,527,053	中華民国再生製品推広協会
			93.06.26-94.06.25	65.00%	74.42%	8,784,318	11,802,983	
			94.06.26-95.12.31	65.00%	76.34%	5,706,104	7,474,360	
			95.01.01-96.12.31	65.00%	75.33%	11,838,842	15,716,756	
			96.01.01-96.12.31	65.00%	84.97%	13,024,442		
鉄缶	89.12.21		91.01.01-91.12.31	20.00%	20.00%	22,398,080	109,705,781	財団法人鉄缶回収基金会
			92.01.01-92.12.31	55.00%	55.86%	70,591,843	126,383,536	中華民国輸入環境保護基金会
			93.01.01-93.12.31	60.00%	61.37%	85,076,140	138,618,149	
			94.01.01-94.12.31	65.00%	66.69%	87,720,603	131,538,535	
			95.01.01-95.12.31	70.00%	80.36%	88,197,110	109,749,479	
			96.01.01-96.12.31	70.00%				
アルミ缶	89.12.21		91.01.01-91.12.31	30.00%	31.82%	7,200,480	22,629,578	財団法人アルミ缶回収基金会
			92.01.01-92.12.31	55.00%	55.02%	14,173,282	25,758,385	中華民国輸入環境保護基金会
			93.01.01-93.12.31	60.00%	62.09%	18,009,033	29,006,221	
			94.01.01-94.12.31	65.00%	45.87%	11,465,670	24,995,883	
			95.01.01-95.12.31	70.00%	71.86%	22,774,650	31,695,092	
			96.01.01-96.12.31	70.00%				
プラスチック容器 (PS)	91.07.20		92.09.01-93.08.31	50.00%	12.81%	1,221,830	9,534,557	財団法人保緑基金会
			93.09.01-94.08.31	55.00%	30.64%	2,856,000	9,321,000	
			94.09.01-94.12.31	55.00%	39.23%	1,198,000	3,054,000	
			95.01.01-95.12.31	55.00%	56.13%	3,887,303	6,925,535	
			96.01.01-96.12.31	55.00%	56.98%	3,600,860	6,319,307	
飲料食品 (PVC)	92.03.03		94.06.01-94.12.31	65.00%	23.49%	648,281	2,759,713	台湾区乳品工業同業公会 85年未申報
			95.01.01-95.12.31	65.00%	17.24%	1,440,311	8,354,511	台湾区植物油製錬工業同業公会
			96.01.01-96.12.31	65.00%	67.49%	2,137,464	3,167,236	台湾区肥皂清潔剤工業同業公会

V章　世界のリサイクル制度

項　目	回収公告	処理弁法発布	回収率期限	公告回収率	業者回収率	回収量（kg）	製品売却量（kg）	基金会、公会
1.一般容器 同（PE）		94.04.15	94.06.01-94.12.31	50.00%	9.94%	1,182,307	11,899,549	中華民国包装飲用水発展協会　85年未申報
			95.01.01-95.12.31	50.00%	33.70%	4,450,317	13,205,229	
			96.01.01-96.12.31	50.00%	51.40%	2,777,585	5,403,733	
同（PP）			94.06.01-94.12.31	50.00%	9.95%	1,182,307	11,899,549	台湾民肥皂清潔剤工業同業公会
			95.01.01-95.12.31	50.00%	40.32%	1,095,095	2,715,960	
			96.01.01-96.12.31	50.00%	52.49%	117,244	223,354	
アルミ箔	92.09.10		94.06.01-94.12.31	60.00%	0.76%	151,320	19,914,800	中華民国紙包装食品推広協会
			95.01.01-95.12.31	60.00%	32.76%	9,837,315	30,027,169	
			96.01.01-96.12.31	60.00%	89.24%	521,271,388		（96年、公元局）
ガラス容器	93.08.17		94.06.01-94.12.31	35.00%	70.19%	303,670,273	432,664,459	台湾区ガラス工業同業公会
			95.01.01-95.12.31	35.00%	70.91%	353,617,087	498,659,472	台湾区乳品工業同業公会　85年未申報
			96.01.01-96.12.31	35.00%	36.55%	17,953,797	49,121,016	中華民国再生製品推広協会
紙パック	94.08.17		94.06.01-94.12.31	50.00%	0.49%	28,300	5,883,070	中華民国紙包装食品推広協会
			95.01.01-95.12.31	50.00%	22.81%	2,317,380	10,157,929	中華民国紙製品発展協会
			96.01.01-96.12.31	60.00%				
2.タイヤ	89.06.24	89.09.20	90.01.01-91.09.30	50.00%	59.12%	36,869,660	62,366,940	財団法人中華民国タイヤ処理基金会
		94.06.15	91.10.01-92.09.30	70.00%	70.33%	49,951,382	71,024,165	財団法人連合タイヤ処理基金会
			92.10.01-93.09.30	80.00%	82.24%	63,600,296	77,334,990	
			93.10.01-94.09.30	85.00%	94.36%	67,096,150	71,104,382	
			94.10.01-95.10.30	85.00%	91.66%	18,943,260	20,667,784	
			95.10.01-96.12.31	85.00%	105.64%	82,763,120	78,342,184	
			96.01.01-96.12.31	90.00%	109.17%	91,285,724	83,618,365	
3.廃電池（含水銀）	90.05.21	90.08.31	91.01.01-91.12.31	5.00%	5.48%	24,750	451,406	中華民国輸入環境保護基金会
			92.01.01-92.12.31	30.00%	32.74%	26,550	81,088	
			93.01.01-93.12.31	40.00%	46.95%	16,267	34,645	
			94.01.01-94.12.31	50.00%	52.45%	11,458	21,841	
			95.01.01-95.12.31	55.00%	56.14%	9,530	16,975	
			96.01.01-96.12.31	65.00%				

V章　世界のリサイクル制度

項目	回収公告	処理弁法発布	回収率期限	公告回収率	業者回収率	回収量(kg)	製品売却量(kg)	基金会、公会
4. 農薬廃容器	89.10.18	90.09.21 94.07.29	91.01.01 – 92.12.31 92.01.01 – 93.12.31 93.01.01 – 94.12.31 94.01.01 – 95.12.31 95.01.01 – 95.12.31 96.01.01 – 96.12.31	20.00% 55.00% 60.00% 65.00% 65.00% 65.00%	20.70% 55.39% 60.14% 69.12% 70.77% 67.92%	251,576 603,335 693,975 744,719 622,904 786,933	1,215,343 1,089,333 1,153,990 1,077,424 880,187 1,158,664	台湾農薬工業同業公会 台北市農薬肥料商業同業公会
5. 廃電池(含鉛)	90.04.24	90.08.31 94.06.29	91.01.01 – 92.06.30 92.07.01 – 93.06.30 93.07.01 – 94.06.30 94.07.01 – 94.12.31 95.01.01 – 95.12.31 96.01.01 – 96.12.31	30.00% 50.00% 60.00% 65.00% 70.00% 75.00%	34.54% 51.13% 61.90% 61.50% 70.50% 75.47%	7,449,380 12,434,392 15,977,663 8,579,514 20,367,820 17,144,188	21,567,400 24,319,172 25,812,057 13,950,473 28,890,524 22,715,131	台湾区廃鉛蓄電池回収清除処理管理委員会
6 環境衛生用薬容器	特殊衛生用薬廃容器	89.08.08	90.08.20 94.07.29	91.01.01 – 92.06.30 92.07.01 – 93.06.30 93.07.01 – 94.06.30 94.07.01 – 94.12.31 95.01.01 – 95.12.31 96.01.01 – 96.12.31	50.00% 60.00% 70.00% 70.00% 75.00% 75.00%	29.64% 69.09% 78.18% 81.34% 87.50%	78,096個 124,328個 208,219個 65,655個 147,426個	263,474個 179,952個 266,330個 80,746個 168,486個	
	特殊衛生用薬廃容器			94.09.01 – 94.12.31 95.01.01 – 95.12.31 96.01.01 – 96.12.31	35.00% 35.00% 35.00%	2.77%	7,276個	262,806個	
7. 廃潤滑油	90.01.22	90.05.25 94.04.29	95.01.01 – 95.12.31 96.01.01 – 96.12.31	30.00% 50.00%	25.20% 24.60%	8,587,440 8,637,480	162,266,000 168,561,000	中国石油股份有限公司
8. 廃機動車両	93.09.08	94.10.21	95.01.01 – 95.12.31 96.01.01 – 96.12.31	60.00% 60.00%	64.77% 83.02%	158,076 484,795	244,055 583,966	財団法人一般廃棄物回収清除処理基金会
9. 廃日光燈管	90.08.22							

出所：環境保護署資料（1998年2月調査で入手）

V章　世界のリサイクル制度

れている。

それが資源回収管理基金委員会制度に転換した後には、かなり回収率が下がったとされており、厳しい検査や煩瑣な手続きが回収率を下げたとの批判に、根拠を与えている。

総体としての廃棄物回収のための基金会制度は相応の効果を有したと考えてよいであろう。

③本制度の欠点

問題は、上述の基金会による廃棄物回収制度をより公的な性格を強くした現行「資源回収管理基金委員会」制度が、基金会時代よりも効率的であるか否かである。

行政院環境保護署は、不正が生じ難く、かつ行政（検査）経費を低水準に抑える検査体制の構築に成功したと言える。しかし、それが原因となり、「資源回収管理基金制度」を通じた資源回収率が低い水準に止まっているとの批判がある。

1997年の制度発足以来、制度を通じた資源回収量が増えているが、1998年は1997年（制度改訂以前）に比べて、リサイクル率が増えてはいない。委員会制度に転換してから、回収率は却って減っているとの批判もある。

制度の欠点として、回収商認定への事実上の資格（規模）制限がある。一定の資格検査に合格すれば誰でも回収商になれるという、参入自由がこの制度の建前である。しかし、1回の搬入量が、アルミで10トンを最低量としているので、実際には規模の点でかなり厳しい参入制限があると言える。アルミ缶スクラップを10トン纏めるのはかなり難しい。再生工場にスクラップを運び込む回収商は、多数の下請けを傘下に抱える事業者となる。

特に自動車については、廃車を持ち込んだものに1,800元提供することになっているが、回収率の水準は低い。その金を得るための書類を揃えるのがかなり面倒であり、自動車を持ち込んでからその金を受け取るまでに数カ月かかるといった問題によるものであるとされている。

自動車については、検査団体に書類審査や還付金の事務を任せる等、業務の民営化（事務委託）が行われ、こういった問題に対処しようとしている。アルミを持ち込む工場も、数カ所増やされた。

台湾のリサイクル促進制度は、実行面において強力であり、制度

のカバーは全面的、財源調達は強制的かつ漏れがない。しかし、ある程度はその結果として、この制度を通じた資源回収率が低位に止まっている部分がある。回収率向上のための様々な工夫がなされつつあるが、理想的な制度設計は難しいものとの感を新たにした。

4. 日本のリサイクル制度

(1) 日本の状況

■日本のリサイクルの現状■

　日本の廃棄物リサイクル・システムは、かつては民間の事業として成立していた。しかし、人件費の高騰を主因として、円滑なリサイクルを行うには政策的支援が必要な分野が目立つようになった。このような分野は、状況に応じて3つに大別して考えることが便利なように思える。

　第1のものが、エコ・アンバラージュやDSDに範を取った、容器包装リサイクル法によるシステムである。ここでの直接的費用負担は、関連の事業者によって行われる。このシステムは、基金的機能を果たすリサイクルに責任を負う民間団体を作り、この法人に一定の法的背景を与える形が採られている。日本では、主務大臣が指定する法人（指定法人）ということになる。資源再生（リサイクル）義務が関連の事業者に課されるが、この義務は、指定法人への所定の資金の払い込みによって、免除されることになる。

　第2は、資源再生は製造業者に義務付けられるが、直接的費用負担は消費者が行う、家電リサイクル法によるシステムである。これは、責任関係が単純で分かり易いが、費用負担の確実性に問題がある。また、消費者から小売店に引き渡された廃家電が、輸出目的で転売された場合、消費者が負担した処分料が消費税でいう「益税」的存在になってしまうという問題がある。

　第3は、従来は市場で取引されていたが、市況の変化により、民間による再生利用システムが崩れつつあるものである。ここでは、誰が費用負担を行うかはそれぞれであり確定されてはいない。古紙がこの例の一つで、市況が軟化して、大量の余剰古紙が生じたことがあったことが知られている。

■問題の残る廃自動車■

　もう一つの例が廃自動車で、従来は屑鉄資源として有償で取り引きされていたが、屑鉄市況の軟化等により、様々な問題が生じている。廃自動車はシュレッダーによる粉砕処理が一般的だが、鉄分等有価物を除いた後のシュレッダー・ダスト（プラスチック、ガラス等が主成分）が、適正に処理されていないという問題がある。鉄市況の軟化等により、処理費用負担能力が大幅に減退しているからである。廃自動車に係わる問題としては、リサイクル率向上とミックスト・メタルの問題がある。手選別を行えば資源再生が可能であるが、日本国内の賃金水準を前提とした場合、再生資源の売却代金では、分別費用（賃金）を賄えない。この他、廃自動車の不法投棄問題もある。直接的処理費は事実上自動車工業会が負担しているが、処理の責任は地方公共団体にあり、費用負担の最終責任者は誰かという問題は残る。

(2) 容器包装リサイクル法

①容器包装に係る分別収集及び再商品化の促進等に関する法律成立の経過

　フランスの「包装廃棄物政令（1992年4月公布）」や、「包装廃棄物の抑制に関する政令（1991年6月公布）」に相当する日本の法規は、「容器包装に係る分別収集及び再商品化の促進等に関する法律」（以下、容器包装リサイクル法、と呼ぶ）である。

　この法律は、1995年6月に公布、同年12月に施行された。しかし、この制度の前提となる資源回収の実行計画である市町村等の分別収集計画の策定に関する条文は'96年6月5日に施行、同法の実質的意義を成す再商品化に関する規定（第5章、第11条～20条等）は'97年4月1日に施行された。'97年の施行を以て、容器包装リサイクル法の本格施行とされたが、その対象はガラス瓶やPETボトル等に留まっていた。2000年4月から段ボールその他の紙製容器包装、その他のプラスチック容器包装が回収・改正の対象品目に加わり、法の適用が猶予されていた中小企業が本法の適用を受ける事業者（特定事業者）となり、完全施行となった。

　この法律は、「廃棄物の処理及び清掃に関する法律」で定める一般廃棄物となった容器包装物を対象とする（容器包装リサイクル法

第二条)。

　一般廃棄物とは、地方公共団体が収集・処理に責任を有する廃棄物であるが、容積では一般廃棄物の60％を占める容器包装廃棄物の減量・適正処理を行うために本法が制定されたといえる。

　一般廃棄物の排出量は1990年代には安定的に推移していた。焼却を含む中間処理率の向上により、中間処理を行わず直接に埋め立てる廃棄物の割合（直接埋立率）は、減少気味に推移している。これにより、最終処分（埋め立て処分）量は減少傾向とはなっているが、微減に止まっている。

　一方、最終処分場（埋め立て処分場）の残存容量は減少しており、その新規建設は困難を極めている。

　そこで、一般廃棄物の大きな割合を占める容器包装廃棄物のリサイクルがその対策として重要な課題となった。このような廃棄物の収集・処理を全て地方公共団体が自らの負担（税金等）で行うことが困難になってきたという問題もあり、容器包装リサイクル法の成立・施行に至った。

②制度の概要

　この制度は、法で指定され、リサイクルが義務付けられた容器包装物（特定容器、特定包装）のリサイクルについて、消費者、市町村、（特定）事業者の各々が果たすべき役割を定め、そのリサイクル率の向上を目指すものである（図表Ⅴ－15参照）。

　消費者は市町村の分別基準に従って、使用済み容器包装物の分別排出を行う。

　市町村は分別回収した容器包装廃棄物を特定事業者に引き渡す。特定事業者とは、特定容器や特定包装の、利用・製造・輸入を行う事業者である。

　特定事業者は特定容器・包装の再商品化の義務を負う。その際、事実上、再商品化事業者にこれを委託することになっている。

　リサイクルのルートは３つ想定されているが、本システムの中心となるのは、指定法人を通じるリサイクルで、エコ・アンバラージュやDSDと同様である。この指定法人が、（財）日本容器包装リサイクル協会であり、1996年10月に主務大臣の指定を受け、1997年4月から業務を開始した。自主回収も許可されており、回収率が90％以上であれば、残りの部分については再商品化義務が免除される。

V章 世界のリサイクル制度

独自の再商品化のルート形成も許されている。

この法でいう「再商品化」とは、当該廃棄物が、原材料や製品としてそのまま使用する者に、有償または無償で譲渡しえる状態にまでされたことを言う。つまり、市場の機能に任せておいても、当該容器包装廃棄物が有償ないし無償で引き取られるものは、再商品化義務が免除される。

図表Ｖ－15．容器包装リサイクル法のフレーム（日本）

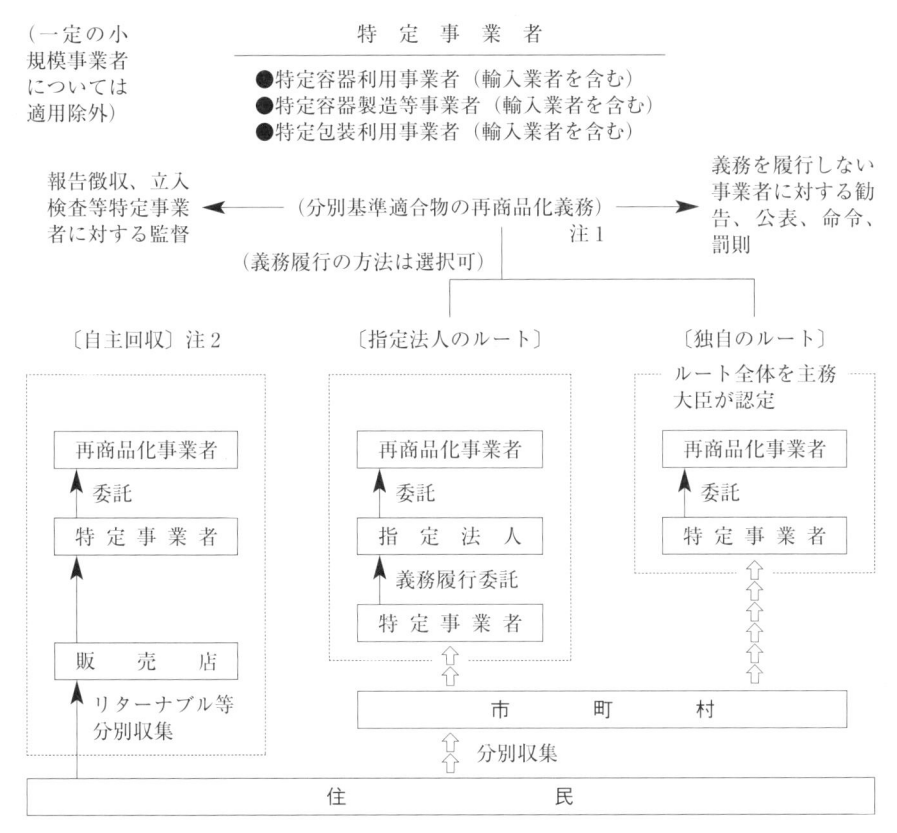

```
                        特　定　事　業　者
(一定の小        ●特定容器利用事業者（輸入業者を含む）
 規模事業者      ●特定容器製造等事業者（輸入業者を含む）
 については      ●特定包装利用事業者（輸入業者を含む）
 適用除外)

  報告徴収、立入                                    義務を履行しない
  検査等特定事業  ←（分別基準適合物の再商品化義務）→ 事業者に対する勧
  者に対する監督              注1                   告、公表、命令、
                  （義務履行の方法は選択可）          罰則

     〔自主回収〕注2      〔指定法人のルート〕      〔独自のルート〕
                                                  ルート全体を主務
                                                  大臣が認定
     再商品化事業者       再商品化事業者            再商品化事業者
         ↑ 委託              ↑ 委託                  ↑ 委託
     特 定 事 業 者       指 定 法 人              特 定 事 業 者
                              ↑ 義務履行委託
                          特 定 事 業 者
         ↑                    ↑                     ⇑
     販　 売　 店                                    
         ↑ リターナブル等          市　町　村
           分別収集               ⇑ 分別収集

                        住　　　　民
```

注１．有償または無償で譲渡できることが明らかで再商品化する必要がないものとして、アルミ・スチール缶、紙パックについては、再商品化義務の対象とはなりません。
注２．特定事業者は、その用いる容器包装または製造等をする特定容器を自らまたは他の者に委託して回収するときは、主務大臣に申し出て、当該容器包装の回収方法がおおむね90％を達成するために適切である旨の認定を受けることができます。この場合、残りのおおむね10％は事業者の再商品化の義務が免除されます。
出所：通商産業省（1997）『新しい時代の新しい法律ができました』クリーン・ジャパン・センター　1997年１月　p.3

③指定法人

　（財）日本容器包装リサイクル協会が法で指定された物質のリサイクルを行うべく主務大臣に指定された指定法人である。

　同協会では、特定事業者から委託を受けて、市町村が法に基づいてリサイクルすべく回収した容器包装廃棄物の再商品化を行う。

　物的再商品化は、同協会が再商品化事業者に再委託する。なお、市町村が再商品化すべき部分についても、同協会は市町村から委託を受ける。これは、中小企業等で再商品化を免除されている部分であり、2000年からは当該中小特定事業者の義務となる。

　個別事業者の再商品化義務量は、リサイクルされるべき容器包装廃棄物（特定分別適合物）の再商品化義務の総量を基にして決定される。

　対象となる包装物の再商品化総量が決まると、企業の種類毎の再商品化比率を乗じて、当該産業の再商品化義務量が定まる。

　個別事業者の再商品化義務量は、産業内の自分のシェアに準じて定まる。自社の再商品化義務量に再商品化委託単価を乗じて、指定法人への委託料金額が決まる。

④運営・効果等

　この制度では、まず、主務大臣（厚生労働大臣、産業経済大臣、財務大臣、農林水産大臣、環境大臣）が、容器包装廃棄物の分別収集及び再商品化推進に必要な事項を基本方針として定める。

　この基本方針は、1996年3月に発表された。

　市町村は、基本方針及び再商品化計画を基礎として、容器包装廃棄物の分別収集に関する5年分（3年毎に見直し）の計画を策定して、都道府県に提出する。

　市町村は自分が策定した計画を守らなければならない。

　都道府県はこの計画を基に、分別収集促進計画を策定する。これも、5年分策定し、3年毎に見直す。

　厚労大臣はこれを取りまとめ、前年度分の積み残しを勘案する等必要な調整を行った上で、分別収集見込量合算量として公表する。

　この合算量に、特定事業者責任比率を乗じ、前年度からの繰越量を加え、再商品化計画量との比較を行い再商品化義務量を算定する。

　容器と包装の排出量比率、各々業種別排出量比率が勘案されて、

業種別の（例えば）特定容器再商品化量が定まる。

この中で、容器メーカーと中身事業者が、販売額に従って、各々再商品化比率が決定される。

その中で、個別事業者は、自己の排出量見込み量に従って、再商品化義務量が決定される。この量は、一般廃棄物の年間排出量の4％前後であり、制度実施前のリサイクル率約4％（集団回収を含めると約8％）をかなり押し上げるものと言える。

(3) 家電リサイクル法

①特定家庭用機器再商品化法

家電のリサイクル促進を目的とする特定家庭用機器再商品化法（以下、家電リサイクル法と呼ぶ）は、廃家電の再商品化を全てのメーカーに義務づけることを狙いとしている。つまり、廃家電について、小売り業者、製造業者による収集・再商品化等の促進措置を講じて、廃棄物の適正処理と資源の有効利用を図ることを目的として制定された。

同法は、1998年6月に公布され、2001年4月に施行された。予定通り施行されたものの、消費者が負担する金額が直前まで定まらず、消費者の戸惑いは大きかった。

経費が処理費と運搬費に分けられ、回収業者の裁量の余地が大きくなった。これも、制度とその運用に関する理解を促進するにはマイナスであったように思われる。

家電リサイクル法の対象となる家電機器は政令で指定され、テレビ、冷蔵庫、洗濯機、エアコンが選定された。これらが選ばれたのは、①市町村等では再商品化が困難、②再商品化の必要度が高い、③再商品化において設計・部品等の選択の影響が大きい、④配送品であり、小売り業者による収集が合理的、といった理由からである。

この法律は、廃家電の「再商品化等」を目的としており、「再商品化等」とは、再商品化と熱回収を言う。

再商品化とは、「機械器具が廃棄物となったものから部品及び材料を分離し、…これを製品の部品又は原材料として」自分または他人が利用可能な状態にすることである。

他人が利用可能とは、「無償ないし有償で譲渡しえる状態」であり、逆有償（金をつけて引き取ってもらうこと）は、この法律では

再商品化には含まれない。熱回収は、「…再商品化されたもの以外のものであって、燃焼の用に供することができるもの又はその可能性のあるものの熱を得る」ことに自他が利用することとされる。再商品化と同様に、他人に提供する場合に逆有償であれば、この法で言う熱回収とは認められない。

②家電リサイクル・システムの概要

家電のリサイクルを行うために、家電リサイクル法は、関係者が負うべき責務を各々定めている（図表Ⅴ－16参照）。

排出については、消費者（及び事業者）が主たる責務を負い、廃家電を「適切に引き渡し、その求めに応じ料金の支払いに応じること」（家電リサイクル法第6条、以下法）が求められる。消費者は、（主に）小売店に廃家電を持ち込むという労力負担と、再商品化に必要な費用負担を行うことになる。

消費者が持ち込んだ廃家電「の適正な排出を確保」に協力することが、小売り業者の法的責務となる（法第5条）。消費者が持ち込んだ処理費と廃家電を受け取るのである。

廃家電を小売業者に引き渡すことが難しい時には、指定法人や市町村に引き渡すこともできる。製造業者は廃家電を小売り業者から引き取る義務があり（法第17条）、引き取った廃家電を再商品化する義務がある（法第18条）。

法の対象となる家電4製品（テレビ、冷蔵庫、エアコン、洗濯機）の、年間排出量は約60万トンであるが、この4品目で重量比では大部分を占める。家電にはアルミ等も使用しているが、回収する価値があるのは、鉄位くらいのようであり、基本的には廃棄される部分が多い。

シュレッダー事業者によると、廃家電をリサイクルしても、それ自身では採算が採りにくいという。廃家電からは（自動車と異なり）売れる中古部品が回収できず収益率が低いからである。家電スクラップは、重量の約50％が鉄分でこれは回収してリサイクルされるが、収益への貢献は少なく、処理費用を回収できないとのことである。それで、廃家電については、別途リサイクル費用の負担が必要となり、この分を、消費者が廃家電の排出時に負担するように定められたのである。

V章　世界のリサイクル制度

図表Ⅴ-16（1）．家電製品等の再商品化の流れ（家電リサイクル法：日本）

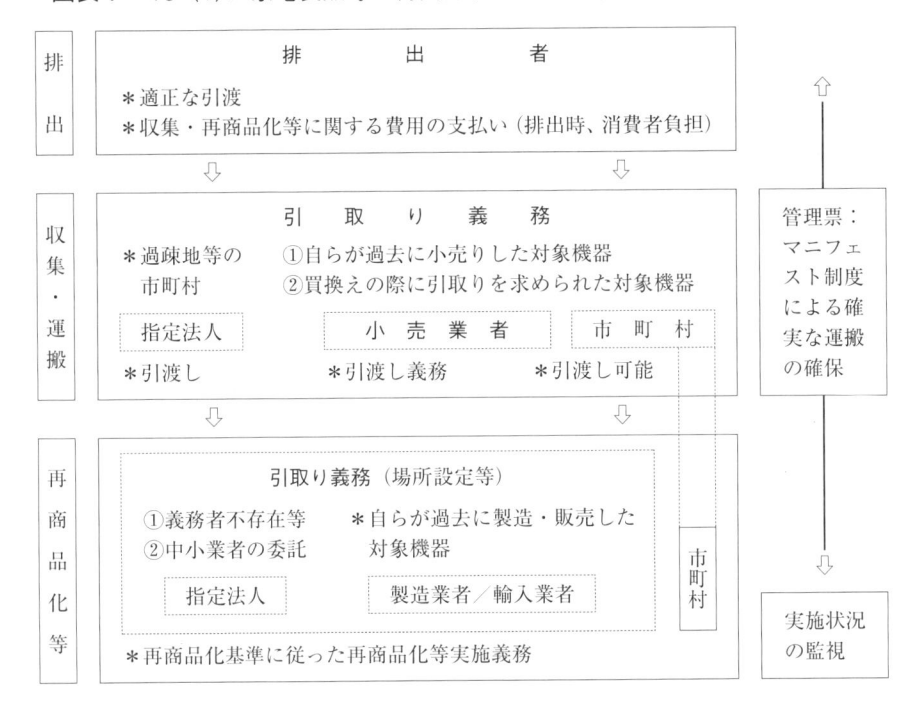

排出
排出者
* 適正な引渡
* 収集・再商品化等に関する費用の支払い（排出時、消費者負担）

収集・運搬
引取り義務
* 過疎地等の市町村
① 自らが過去に小売りした対象機器
② 買換えの際に引取りを求められた対象機器

指定法人　小売業者　市町村
* 引渡し　*引渡し義務　*引渡し可能

再商品化等
引取り義務（場所設定等）
① 義務者不存在等
② 中小業者の委託
* 自らが過去に製造・販売した対象機器

指定法人　製造業者／輸入業者　市町村
* 再商品化基準に従った再商品化等実施義務

管理票：マニフェスト制度による確実な運搬の確保

実施状況の監視

図表Ⅴ-16（2）．家電製品の現況：処理の流れ（家電リサイクル法：日本）

（家電：テレビ、冷蔵庫、エアコン、洗濯機）

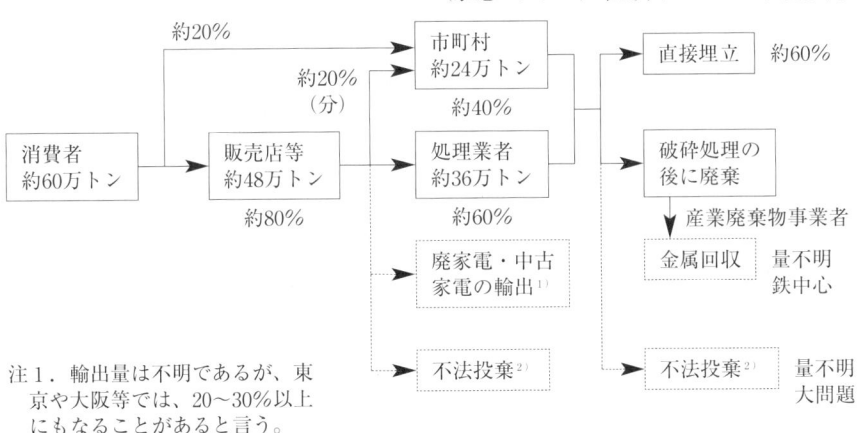

消費者 約60万トン → 販売店等 約48万トン（約80%）

約20% → 市町村 約24万トン
約20%（分）→
約40% → 処理業者 約36万トン
約60% →
廃家電・中古家電の輸出[1]
不法投棄[2]

市町村 → 直接埋立 約60%
→ 破砕処理の後に廃棄 → 産業廃棄物事業者
→ 金属回収　量不明　鉄中心
→ 不法投棄[2]　量不明　大問題

注1．輸出量は不明であるが、東京や大阪等では、20～30%以上にもなることがあると言う。
注2．量は不明であるが、増大傾向にあるとされる。
出所：通産省資料（（1）（2）共）1998年時点
　　　点線部分及び注記は、筆者が加えた。

③廃家電の処理

　　家電製品協会は、茨城県那珂町に「家電リサイクル実証プラント」を設立した。これは、家電リサイクル法の対象となる家電4品目（テレビ、冷蔵庫、洗濯機、エアコン）の一貫処理を行う実験工場で、竣工式を平成10年4月17日に行った。

　　この開発研究プロジェクトは旧通産省の補助事業であり、平成7～10年度の4年間に亘って行われた。

　　実証実験の費用総額は50億円で、国庫補助が3分の1、家電製品協会が3分の2を負担している。

　　実証プラントは平成10年度の1年間だけ稼働した。その後、各家電メーカーでは、この実証プラントで得た技術を活用して、家電処理工場の準備を進めている。

　　実際に家電リサイクル法に対応する再生工場も試験的稼働を開始している。

　　全国に複数箇所ある工場の一つに、西日本家電リサイクル株式会社がある。同社は北九州市の北九州エコタウンに立地している。同市には、もともと素材産業が立地しており、①リサイクル品の際資源化に必要な工業集積が存在しており、②広域的にリサイクル資源を集めることに住民の感情的反発がない、という利点を有する。同エコタウンには廃棄物の管理型処分場があり、廃棄物のガス化溶融炉が整備される予定である。

　　西日本家電リサイクル株式会社は、家電リサイクル法の対象となる4品目（テレビ、冷蔵庫、洗濯機、エアコン）のリサイクルを行うことを目的にして設立された。処理能力は、4品目合わせて年間50万台である。

　　九州・山口全域で年間220万台の廃家電が排出される。その4分の1程度を同社で処理するという計画である。

　　実態としては、福岡、大分、長崎、佐賀、山口など5県の廃家電の受け入れを想定している。5県の廃家電の年間排出見込み量は150～160万台であり、その3分の1と考えていると言う方が実情に近い。運搬費用の関係で、南九州からの廃家電の受け入れは想定してない。廃家電は運送費の比率が高いので、控えめなシェアを想定したとのことである[2]。

　　廃家電の処理については、家電メーカー以外にも各方面から参入

V章　世界のリサイクル制度

者がいる。家電リサイクル法について、幾つかの問題が明らかになってきている。

■中古家電の輸出■

その一つは、廃家電（中古家電）の輸出である。

廃棄されるとして集められた家電を、アジア系外国人のバイヤーが収集して、母国等に持ちかえって販売する例が増えている。当初は廃家電を無償で引き取っていくことが多かったようであり、九州地方の都市でもそのような事例があった。これはビジネスとして利潤が多かったのか、今では、僅かにせよ有償で引き取っていくとのことである。

また、船積みの便や現地での需要により、引き取られる家電の種類や型も比較的決まっているとのことである。例えば、冷蔵庫であると、商品価値の面から比較的大きい新型に人気があるが、取っ手が引っ込んでいるタイプでないと、船積みの関係から引き取らないという。

廃家電の輸出は、正式統計はないが、大阪地区で30％以上、関東地区でも20％以上に及ぶという。但し、母数は全廃家電ではなく、引取対象となる家電のようである。

家電メーカー[3]では、廃棄物対策として、基本的に家電を長期間使ってもらうことは考えており、消費者の啓発活動、部品の確保（修理用）は計画しているとのことである。

しかし、安全性の問題もあり、家電メーカーとしては否定的にならざるを得ないとして、中古家電の輸出促進を、メーカー（業界）として行う計画はないとのことであった。

また、回収が問題となる以上、リース契約にする案もあり得るが、家電の性質上、リースを促進することも視野には入っていないとのことであった。

解体リサイクルも、家電メーカーが行うか、既存業者との連携でやるかの問題もある。後者の方法を取る可能性が高いが、そこでの役割や責任分担の問題がある。リサイクルを行ってもどうしても残る部分を処分する産廃処分場の問題もあるが、メーカーが独自で手配することは難しいようである。

(4) 自動車のリサイクル

①リサイクル率向上の方途

　使用済み自動車（年間約500万台）は、最終ユーザーから、①新車販売店、②中古専門業者、③その他（俗にモーター屋と呼ばれる整備工場等）に持ち込まれる。新車販売店には25％程が持ち込まれる。

　中古市場に流れるものもあるが、スクラップ処分される自動車は、全国に約5000ある解体事業者に持ち込まれる。非常に小規模な事業者が多く、1ケ月に1000台以上の車を処理する事業者は35社である。

　解体された自動車は、①再生用部品（約20％）、②再資源化部品（約15％）、③廃車がら（約60％）、④廃棄物（約5％）に別れる。

　③廃車がらは、シュレッダー業者が分解し、⑤非鉄金属（約1％）、⑥鉄屑（約39％）、⑦シュレッダーダスト（約20％）となる。①＋②＋⑤＋⑥が約75％で、これがリサイクル率となる。

　④＋⑦が25％で年間80～100万トンとなり、これらは現在では管理型処分場での最終処分が法定されている。

　自動車廃棄物の約20％を占めるシュレッダーダストには、プラスチック、ゴム、ガラスが多く含まれている。プラスチック、ゴムについても、サーマル・リサイクルよりもマテリアル・リサイクルを原則としている。

■注目されるプラスチックのリサイクル■

　自動車のリサイクル率を上げるには、部品、非鉄、鉄屑すべてのリサイクル率向上が対象となるのは勿論である。

　特に、自動車全体として比較的高いリサイクル率向上が可能になる分野として、プラスチックのリサイクルが注目されている。

　プラスチックについて、従来の熱硬化型（熱を加えると硬くなる）から熱可塑性（熱を加えると加工前の性質を取り戻すので、再利用がやり易い）を持つものを増やすこととしている。

　用途としては、バンパー等が検討されている。熱可塑性を持つプラスチックの開発はなされているので、その用途を増やして、再生可能率を上げることが現在の課題である。

②自動車リサイクルへのトップメーカーの取組

例えば、トヨタ・グループでは、様々な環境配慮型施策を行っている。関連の技術開発も推進しており、実際に稼働しているものも多い。しかし、生産工程の廃棄物処理や系列の販売店で回収した部品等に限って適用している技術が多く、一般から回収された廃車(部材)への適用には、経済性の壁がある。

■高いリサイクル率■

リサイクルに関しては、現在でも車両一台当たり80%以上(重量比)の高いリサイクル率を達成している。

この大きな要因としてリサイクルを行う関連会社の存在が大きい。

使用済み車両の解体物(解体は解体業者)を受け入れる関連会社である、廃油・LLCを処理して燃料化する豊田ケミカル・エンジニアリングがある。また、触媒等有用部品を再利用する豊田通商、豊通リサイクル、キャタラー工業がある。シュレッダー処理を行う豊田メタルがある。そして、愛知製鋼(電炉・特殊鋼メーカー)、トヨタ自動車が回収された金属成分を利用する。

リサイクル率は、25年前からこれに近い水準に到達し、率を徐々に改善しているが、豊田メタルは会社設立後25年中、単年度黒字になったのは数える程の年数しかない。豊田メタルに関する説明によると、通常のシュレッダー処理と磁気選別以外は手選別を行っているとのことである。また、シュレッダー・ダスト等の焼却灰は溶融・固化を行っているとのことである。環境面では、現在の技術水準では実務上は完璧に近い処理を行っていると思われるが、これでは採算に乗らないのも当然と思われる。

③リサイクル関連事業者

解体市場は、新車販売台数が伸び悩み、自動車保有の長期化、廃車輸出(手回り品扱いが増大)の増大により解体台数が減少している。

中古自動車で再販売できないものは、解体業者を経てリサイクルされる。解体業者は、エンジン・ミッションを取り外すとそれを更に解体する業者がいたりと、非常に細分化されている。自動車の解体事業は零細な企業による業界で協会がない(約5000事業者)。シ

ュレッダー事業者は、シュレッダー・マシン1台1～2億円程もするので、全国で140事業者と解体事業者程零細ではない。「鉄リサイクル工業会」という業界団体もある。

解体業はいわゆる3K的要素が大きく、跡継ぎがいないことによる廃業が多い。反対に跡継ぎがいる事業者は活発な事業展開を行っており、この業界も2極分化が進むと観測されている。

今、リサイクルに注目が集まっているが、自工会（所属企業）が、大資本を以てこの分野に手を突っ込んでくることに関する警戒感が、この業界には漂っているようである。

④路上放置自動車処理協力会

現在、年間1万5千台ほどの路上放置自動車が発生している。

これについては、警察で当該車両に貼り紙をする等して所有権の確認を行う。

放置されたものと認定すると、市町村等がそれを一般廃棄物と認定して自動車解体処理事業者に処理委託を行う。

当然にそこに処理経費が発生する。1台1万円～1万5千円ほどである。

この経費について、路上放置車処理協力会が、自治体の費用負担協力依頼によって、寄付による費用負担を行っている。この経費は状況により自治体により当然異なるが、実費相当額である。

路上放置車処理協力会は、自工会、（社）自動車販売協会連合会、（社）全国軽自動車協会連合会、（特）日本自動車輸入組合によって構成されている。

注記
1） （株）タカセキにおけるヒアリングより、1998年8月7日、同社本社工場（埼玉県比企郡川島町）同社社長　高橋征氏、自動車事業部長　若尾鋭一氏
2） 西日本家電リサイクル（株）におけるヒアリングより、2000年8月3日、同社本社工場（福岡県北九州市若松区）、同社社長　大川成信仰氏
3） 松下電器産業（株）企画調査部でのヒアリングより、1998年4月6日

第6章

産業廃棄物の処理

1. 産業廃棄物

（1）産業廃棄物の状況

　産業廃棄物課税は、地域環境税の重要な分野として位置付けることができる。

　廃棄物は一般廃棄物処理と産業廃棄物に大別されるが、排出量で見ると、産業廃棄物（産廃）は一般廃棄物処理（一廃）よりもはるかに多い。

　廃棄物処理問題は、量でみれば、産廃の重要性が圧倒的に高い。1999年の排出量で見ると、廃棄物全体の89％弱が産廃である。

　ところが、産廃の再生利用率は、一廃のそれよりはるかに高く、産廃の42％余に対して一廃は13％余りである。

　焼却、脱水等による減量・減容率は一廃の方が高いが、排出量に対する最終処分量の比率は、産廃が7分の1弱であるのに対して、一廃は5分の1強となっている。

　再生利用・減量の中間処理において、産廃における途中での処理率が高く、しかもその多くを再生利用で行っていることとなる。

　しかし、それでも排出量は産廃の方が圧倒的に多いので、最終処分量の82％余は産廃が占めているということになる（図表Ⅵ-1参照）。

　一廃は、産廃に比べて、今まで減量率や再生利用率の水準が劣っていた。しかし、中間処理による一廃の減量と再生利用は、ここ数年において、目ざましい進展をとげている。

　産廃の再生利用率が高いのは、比較的多量の同一種類の廃棄物が一か所から出るという、産廃の性質によるところが大きい。

　機械工場の仕損品や作業屑等の再生利用については、既に静脈産業と呼んでよいようなシステムを構成している。

　建設廃材のように再生利用が進んでいなかった分野でも顕著な進展がある。しかし既に、市場機能の中で再生利用が進んでいる領域では、これ以上の大きな進展は望み難いと言える。

　一廃は、かつては産廃と同じような再生利用システムができていたものもある。

　しかし、高度成長による人件費の高騰等により、再生利用システ

ムが機能しなくなったことが、再生利用率を低下させた。廃棄物の種類によっては、市場機能（民間企業）に依存できなくなった再生利用のルートを地方公共団体が支えざるを得なくなっている事情もある。

　産廃処理は民間で行うため、再生品の価格と再生費用の関係により、全く省みられないものが生じる。

　また、廃棄物は負財（bads）であるため、常に不法投棄の危険が存在する。そして、特に産廃処分場が様々な負の外部性を有するとみられるため、その立地が極めて困難になっている。

　産廃処理には市場の失敗の可能性がつきまとうのである。この市場の失敗に対応する一つの方法として、また対応策を実施する資金調達手段として、地域環境税としての産業廃棄物課税が考えられる。

　既に三重県ではこの税を課しているし、他の諸県でも実施の段階に入ろうとしている。

図表Ⅵ－1．産業廃棄物と一般廃棄物の排出・再生・処分量の差

1999年の数値、単位万トン（2000年1月発表）

	排出量	再生利用量	減量化量[2]	最終処分量	再生率%	減量率%	処分率%
産業廃棄物	40,000	17,100	17,900	5,000	42.1%	43.8%	14.1%
一般廃棄物	5,145	703[3]	3,589	1,087	13.1%	69.8%	21.1%
産廃比率[1]	88.6%	96.1%	83.3%	82.1%	———	———	———

注1．産廃比率＝産廃量÷（産廃量＋一廃量）×100
注2．減量化量＝排出量－（再生利用料＋最終処分量）
注3．一廃再生利用料には、排出量に含まれない集団回収分260万トンが含まれる。
　また、本表には表われない自家処理分が35万トンある（排出量の内数）
出所：環境省ホームページ

（2）産業廃棄物処分場の立地難

　かなり以前から廃棄物の最終処分場の逼迫が論じられていた。

　そのため、処分場建設に大きな努力が行われた。この努力により、産廃を中心に状況が依然厳しいことは変わらないものの、廃棄物最終処分場の状況が極端に緊迫化することは、一応免れている。

　一般廃棄物の最終処分場の受け入れ能力は、1989年以来、約8年分で推移していたが、1996年9.4年分、'97年11.2年分、'98年12.3年

分、'99年12.3年分とやや余裕を得た。

　比較的大規模な処分場の建設が行われたといった事情もある。

　一廃の処理・処分は地区内で行うことが原則となっている。それゆえ、一廃の処分場利用は広域対応が困難であり、処分場のストックの効率利用が困難である。

　一廃は処分場の全体的ストック量が大きくても、個々の自治体では深刻な事態になっている。

　産業廃棄物の最終処分場（埋立処分場）の首都圏での残余年数は、それまでは辛うじて1年を越えていたものが、1998年4月1日には1年を切り、翌'99年も同様であった。しかし、2000年には1年を越える水準に復帰した。それでも逼迫していることには変わりはない。

　産廃処分は日本全国を対象にした地域で行われ、首都圏の産廃処分場の逼迫が即座に首都圏における産廃処分が極めて困難にするわけではない。全国の産業廃棄物の最終処分場の残余年数は、2000年4月1日段階で3.7年分である。全国での残余年数は'97年以降2000年まで若干ではあるが増えている（図表Ⅵ-2参照）。

　この原因の一つは産廃最終処分量の減少である。

　経済団体連合会が2001年1月30日に、産業廃棄物が大幅に減少したと発表した[1]。報道によれば「一九九七年の産業廃棄物最終処分量は二千四百七万トンとなり、九〇年度の六千二百二十四万トンに比べ、約六〇％減少」したとのことである。大幅減少の背景には産廃「全体の七割を占める建設のリサイクルが進んだことが挙げられる」としている（経団連調査による）。

　日本の廃棄物排出量は傾向的に増えているとは言えないが、大きく減ってもいない。1990年から直近まで、排出量に傾向的な変化は見えないとしておいて良いであろう（図表Ⅵ-3参照）。減容率が小さく、汚泥に次いで最終処分量が多い建設廃棄物の再生利用率の向上は、産廃の総最終処分量の減少に寄与する。

　しかし、それでも産廃最終処分場は不可欠である。また、容量の残余年数および建設難からすれば、依然として強い不足感が感じられることになるであろう。

　処分場が足りなければ作ればよい。

　しかし、廃棄物処分場の新規立地については、現行の処分場の欠陥の多さから、一定の改善措置がなされるまでは「新規処分場の設置許可は当分の間凍結すること」[2]という意見が出されている程で

> **NIMBY**
>
> 自分の裏庭ないし近所は嫌（Not In My Backyard）と訳せる。自分の家の近くに廃棄物の焼却施設や埋立処分場等のいわゆる迷惑施設が来るのは嫌だという感情を表す言葉である。地域エゴを示す言葉として使用されることが多い。

ある。

産廃と言わず一廃と言わず、地元住民の強硬な反対（運動）により、処分場の新規立地は困難になっている場合が多い。民間事業者が建設計画を立案・提示する産廃処分場については、地元住民および関係者の不信感が強いようである。

産廃処分場建設への住民の反対は「地域エゴ」とかNIMBYあるいは「感情的」と非難されることがある。産業活動がある以上、産業廃棄物は排出され、埋立処分場は必要不可欠である。産業活動の恩恵は、全ての国民が受けていることも事実である。

しかし、そのための施設を立地地域の住民が受け入れる必然性は存在しない。

図表Ⅵ－2．産業廃棄物の最終処分場の残存容量と残余年数

各年 4月1日	残存容量　単位：万m³				残余年数　単位：年			
	2000	1999	1998	1997	2000	1999	1998	1997
首都圏	1,723	1,380	1,405	1,910	1.2	0.8	0.7	1.0
全国	19,394	19,031	20,767	20,984	3.7	3.3	3.1	3.1

出所：環境省ホームページ

図表Ⅵ－3．日本の廃棄物排出量の推移

単位	1980年 万トン	1985年 万トン	1990年 万トン	1995年 万トン	1996年 万トン	1997年 万トン	1998年 万トン	1999年 万トン
産業廃棄物	29,200	31,200	39,500	39,400	40,500	41,500	40,800	40,000
一般廃棄物	4,406	4,345	5,044	5,069	5,115	5,120	5,160	5,145
合計	33,606	35,545	44,544	44,469	45,615	46,620	45,960	45,145
産廃比率[1]	86.89	87.78	88.68	88.60	88.79	89.02	88.77	88.60
経年指数[2]	75.44	79.80	100.00	99.83	102.40	104.66	103.18	101.35

注1．産業廃棄物の量÷合計の量（×100）
注2．1990年の排出量合計値を100とした場合の、各年の指数。
出所：構造改革推進研究会『リサイクル（循環型経済社会の実現に向けて）ワーキング・グループ報告書』経済企画庁総合計画局、1999年3月（p.67, 79から作成／一部修正）
　　　1996年以降については、図表Ⅵ－1と同じ（1999年数値は2002年1月発表）

（3）産廃処分場への公共関与

■産廃処理ー失敗の二つの要因■

　　一般廃棄物については、現在、地方公共団体が責任を持つ制度となっている。それに対して、地方公共団体が不適正に処理された産廃の後始末をさせられることは多々あっても、通常の場合であれば、地方公共団体が産廃処理の最終責任を持つことない。

　　しかし、廃棄物処理は市場の失敗が生じ易い分野であり、処理全体について、何らかの公共関与を前提とする方が適当と思われる。

　　廃棄物処理に市場の失敗が生じ易いのは主に二つの理由によるものであろう。負財という性質による非排除性と、処理場管理の長期性である。

　　産業廃棄物は負財なので、適正に処理せずとも廃棄が可能であり、それにより経済的利益が生じるからである。極端には不法投棄として顕在化する。

　　認可された処理場でも、適正量を（時にはるかに）越えた量の廃棄物を処分することがある。焼却等の中間処理を不適正に行うこともこれに含まれるであろう。最終処分場は、廃棄物の受け入れを終了した後も、かなりの期間に亘ってモニターと汚水処理が必要である。利益を生まない長期に亘るこのような活動は、民間企業が不得手とするところである。

■廃棄物の不適正処理■

　　前者については、マニフェスト制を始めとして、様々な対応策が考えられているが、今のところ顕著な効果を持つ方法はなかなか見いだせていない。

　　トラックの追跡システムや、トラックの荷卸しが分かるシステムも開発されている。しかし、比較的小規模な産廃業者を有効に管理するのは困難である。

　　小規模事業者にこれらの自分の首を締める投資をさせるインセンティブは無いであろう。大規模事業者には、社会的信用を得ることが一つのインセンティブになりえる。産廃関連事業は、小規模な業者が多いだけに新規参入が容易である。講習を受けるだけで、事業者の資格が得られるのであるから、業者の質の向上も容易ではないであろう。

　　不法投棄等は、罰則と監視による規制的手段に頼ることになる。

これへの具体策として、不法投棄を通報した者に報償金を出すことにしたと報じられている。

栃木県都賀町がそのような条例を2002年3月議会で可決した。群馬県桐生市も同じような制度を2001年4月から開始している。基礎自治体がこのような手段を採るということは、不法投棄対策として有効な手段が見いだせないからに他ならないのである。

■民間は不得手な長期的対応■

長期性への対応は、地方公共団体が産廃の処分場を引き受けることがよいのではないかと考えている。その場合、いわばBOT方式で引き受ける。

> **BOT方式**
>
> Build, Operate & Tranferの略で、途上国の社会資本整備に外資を呼び込む方法の一つである。民間資本で対象となる施設を建設し、運営・経営して投資を回収した後、その施設を政府に引き渡す。地域の社会資本整備への応用も考えられる。

無償で引き継ぐのではなく、閉鎖後のモニター、汚水処理、跡地利用に必要費用に対応する基金付きで引き受ける。ただし、閉鎖時に基金を作るのではなく、廃棄物受け入れ時に基金に資金を積み立て、基金の管理は当初から地方公共団体で行う形が良いと考える。

そして、公共関与を行うのであれば、処分場の費用の必要額は、強制的賦課により、適当な基金に繰り入れるべきという結論に達する。

そこでは、産廃処理に関する包括的な公共関与が望ましいことになる。その中で、民間が行うところと公共が行う部分に分かれる。外部性や長期性が強い部分は地方公共団体が担当するのは当然であろう。

地域のことを包括的に管理するのは、国家機関よりも地方公共団体の方が適性が高いと思われる。但し、リスクに対応する保険的機能については、保険者は全国規模が望ましいであろう。

産廃処理に関する公共関与について、少なくとも初期においては、中央政府の決定を待つよりも、各都道府県が個別に対処する方が早いであろう。租税輸出は問題とするに足りないと考えるし、廃棄物の逃避は逃避された側が対処すれば良い。

近年の経験は、中央政府が全国一斉にある制度を施行した場合、欠点の多いシステムが目立ったことを示している。家電リサイクル法がそうであるし、介護保険もそうである。

勿論、個別の地方公共団体が産廃課税を行った場合、全国的不整合や租税競争が起こり、効率性を損なう可能性がある。著者として

は、現場に近い方が資金を握るやり方の方が、総体としての費用は少ないと考えている。また、次節で述べるような産業廃棄物処分場の適正運営も、自治体がそこに関与している方が、結果が担保され易いと考える次第である。

2. 産業廃棄物処分場の適正運営

(1) 立地の外部費用

　　　処分場建設における直接の当事者は、処分場建設者と予定地の地主である。一般の土地売買であれば、周辺住民が当事者間の取引に容喙することは峻拒されて当然である。

■処分場のもたらす被害■

　　　しかし、産廃処分場建設においては、取引の当事者ではない周辺住民は、様々な悪影響を被る。典型的には、比較的有害性の高い廃棄物を処分する管理型処分場については、遮水シートから汚水が浸み出て周辺の生活環境を悪化させるのではないかといった不安がもたれることになる。自分達の生活環境を悪化させるとの不安が大きければ、その原因となる行為に反対するのは当然である。

　　　産業廃棄物最終処分場による生活環境への悪影響の第一は、環境汚染の可能性である。処分場に雨が降り、廃棄物の中を通って汚水となる。廃棄物自身の中に水分が含まれていれば、これに加わる。この汚水は、適正に処理されれば環境を汚染しないはずである。しかしこの汚水は、時に地中に浸透し、水を汚し、土地を汚し、健康被害を発生させることすらある。

　　　処分場の汚染防止基準は厳しくなっている。しかし、現在の基準で充分であるという証明を行う、あるいは、周辺住民がこれで安全であるとの心証を得るには、なお時間を要するであろう。また、汚染物質は様々であり、ダイオキシン等現在注目されている物質だけが、健康や自然環境を害するわけではない。特に、処分場では様々な廃棄物の混合が、新たな汚染物質を作りだす可能性も否定できない。こういった、現実の汚染と、汚染の「可能性」への恐怖が、産廃処分場建設への有力な反対理由となる。

　　　汚染とも係わるが、悪臭の発生も産廃処分場建設への有力な反対理由となる。処分場建設・運営に伴い、大型車両の交通量が増え、

交通渋滞や事故の可能性が増大する。これは多くの施設建設・運営一般に生じる問題であり、処理場特有の問題ではないが、処分場建設への支持を増す現象ではない。

産廃処分場の立地を円滑に行うためには、その外部費用を相殺するための基金を準備しておく必要がある。環境リスクが顕在化した場合、迅速にこれに対応するためである。

(2) 損害賠償請求の取引費用

■環境汚染の回復コスト■

環境汚染から派生する問題ではあるが、環境汚染からの回復や損害賠償を求める場合、その不確実性と遅延の問題がある。環境汚染からの回復や損害賠償を求めて、承認を得るコスト（時間、労力、金銭支出等）が大きいという事実もある。

環境汚染が発生した場合、賠償請求を行うための取引費用はかなり大きくなるものと見込まれるのである。

■環境だけではない住民の負担■

高度成長期に顕在化した公害問題から近年の豊島問題まで、環境汚染問題には認知ラグの問題がつきまとった。被害が発生してから、それが公に対処すべき問題として政府部門に認知されるまでに、被害者にとって実に長い時間を要することが多かった。地元住民にとって環境汚染は、元々は存在しなかったものである。いわば起こらなくて当然である。起こってしまうと、それが問題であることを認めて貰うだけのために、多大なコストと長い時間を要することとなる。これが、汚染そのもののリスクに加えて、住民にとっての処分場のリスク評価を大きくすることとなる。

住民が自ら問題に対処する場合、当該地域における住民意思の形成に要する労力と時間は膨大なものとなる。地域社会に元々あるはずのない災害に対処するわけであるから、地域に住む個人が対処方法に迷うのは当然である。

また、本問題に関する確固たる意思決定が存在しないのであるから、意思決定を行う「場」を形成することにすら多大な労力と時間を要する。迷う個人の意思をまとめるには、誰かが手弁当でその任に当たらなければならない。町内会やPTA、子供会の役員ですら中々なり手がない今日、そのような多大な負担を意味する幹事役を引き受ける者がでるまで長い時間がかかる可能性は高い。その間に

も、被害は一層深刻化し、拡大していくことになる。

　地元住民の意思はまとめても、訴訟コストが待っている。損害賠償や原状復帰を求めて、集団で訴訟を起こすことになっても様々な問題がある。訴訟費用の調達、訴訟に係わる交渉、事務手続きがある。当然であるが、訴訟の勝敗は不確実である。

　勝訴して、充分な賠償を行えという判決を勝ちえても、被告企業にその資力がなければ、判決の実効性は乏しいことになる。

　先に引いた豊島の例でも、2001年現在、「瀬戸内オリーブ基金」なるものが設立され、「廃棄物や汚染土壌の撤去のめどはついたものの、今もなお島の緑は失われたまま」なので、緑豊かな環境を残すために、100万本のオリーブの木を植えるための寄付が募られている。この基金発想や寄付への協力は麗しい人間愛の発露としても、汚染企業の資力不足を原因とするものであることも指摘できるであろう。

■閉鎖後の長期の監視■

　廃棄物受け入れ期間中に汚染を引き起こさなかったとしても、その産廃処分場に問題がないとは言い切れない。処分場閉鎖後もかなり長期にわたって汚水処理を行い、処分場をモニターする必要がある。民間企業は比較的短期間に多数回反復され、成果が年度利潤の形で提示される類の取り引きに関しては、社会的にも高い効率性をもって行動することが期待できる。

　閉鎖後の産廃処分場の汚水処理・モニターは、収益との関わりが薄く、長期にわたって行わなければならない。これは、市場の失敗が生じ易い業務である。これを比較的小規模な企業が多い産廃処理（処分）に従事する民間企業が適正に行うか否か、住民が不安を持つのは当然である。

　実際的環境汚染やリスク以外にも、産廃処分場建設に反対する動機があるように思われる。地域のプライドである。自分の地域はごみ箱ではない、という意識である。プライドが傷つくことも、産廃処分場立地による悪影響場の一つであろう。

　地域のプライドの問題や、独自の環境意識達成のための手段として、処分場建設に反対する人たちが多い。しかし、産廃処分場立地が外部費用を発生させる限り、立地反対は経済合理性を持つ。地域のプライドが動機になっている場合も同様である。

　処分場に対する安全規制の強化は行われている。しかし、その他

の外部費用発生に対する措置を取らずに、処分場建設を市場原理や現行法規に委ねることは、関連の取引費用をそのままにすることになる。これにより、大きな社会経済的な歪みを発生させることとなるであろう。

(3) 産廃処分場の立地費用

■環境リスクへの保険■

　産廃処分場の立地を円滑に行うためには、環境リスクが顕在化した場合、迅速にこれに対応する手段の用意があることを示さなければならない。

　そのためには、環境被害を受けた者への賠償、自然環境被害における原状回復費用を支出しえる基金の準備が行われる必要がある。

　賠償等を行う場合、透明性の高いルールが用意される必要がある。この基金の管理は地方公共団体が担当することが適当であろう。産廃の管轄団体とすれば、都道府県であろう。基金積み立てについては、外部費用相当部分の保険料に近い考え方で、課税を行うことが適当と考える。

　産廃処分場の外部費用発生に対する措置を取るには、外部費用を認識する必要がある。産廃処分場の外部費用を、環境汚染、問題対応コスト、事後処理、地域のプライドの4つの問題領域に分類してみた（図表Ⅵ-4参照）。

　四項目に分けた問題の一つである環境汚染は、自然環境被害と健康被害とに分けることができるであろう。

　環境汚染による外部費用の内部化とは、まず環境汚染を行わないことである。汚染予防措置のための費用を処分場利用者（廃棄物の最終処分者）が負担することである。勿論この負担は、廃棄物の流れを順次遡り、結局は消費者の負担に帰すことになる。この部分が完全であれば、次のステップは不要である。しかし、人間のやることに完璧はあり得ず、産廃処分場が原因となる環境汚染はある確率で生じるものと想定しておくべきである。

　自然環境被害が生じた場合は、原状回復が求められることになる。この場合における外部費用の内部化は、汚染の原因者に原状回復費用を負担させることになる。

　原因者にこの費用を負担させることが困難だったり、時間が掛かったりすることの可能性が高い。そうであれば、基金の準備が必要

となる。この基金への払い込みは、産廃処分場の料金から行われることが必要となるであろう。健康被害に関しても同様である。

■ **事故発生の可能性を内部化する** ■

汚染発生事故の可能性を予め産廃処分場の建設と運営に組み込んで、内部化しておく必要がある。

内部化の手段は、廃棄物最終処分料金への追加負担となるであろう。これが行われれば、問題に対応するコスト（金銭のみならず、労力と時間も）は、大幅に縮小できる。環境汚染事故の認定や、被害者の特定、被害の程度の測定は個別に扱う必要がある。それゆえ、対応コストがゼロになることは無いが、地域社会の総コストは大幅に減少することが期待される。

図表Ⅵ－4．産廃処分場の外部費用

問題	事項	対応	備考
環境汚染	自然環境被害	・汚染の予防 ・原状回復	・汚染予防措置費用／含、監視費用 ・リスクを勘案した保険料相当額
	健康被害	治療費、賠償金	・リスクを勘案した保険料相当額 ・人命の被害については、交通事故死者の数倍で計算すべき
問題対応コスト：労力、時間、金銭支出	認知ラグ 住民意思形成コスト 訴訟コスト 賠償の不確実性 賠償の不充分性	事前に認知条件設定 ― （不用のはず） （制度にビルト・イン） （制度にビルト・イン）	・迅速な紛争裁定機関の用意 ・制度形成期に多大なコスト ― ― ―
閉鎖後の措置	長期間処理・監視	基金設定	行政機関による対応が望ましい
地域のプライド	ゴミ箱・過疎地	福祉・健康のサービスの提供（基金設定）	業界内・地域間／交渉・競争（施設建設「価格」の形成）

（4）産廃処分場立地の費用構成要素

■ **産廃処分場の費用構成** ■

産廃処分場の費用構成要素を検討する。

当然に計算に入る費用と、従来は省みられることの少なかった費

用を構成要素に入れる。ここでは、最終処分のみを考えることとし、中間処理に必要な費用は省いておく。焼却等中間処理の質の評価と、搬入される産廃中の有価物の評価を避けるためである。この場合、産廃処分場の費用を内部費用と外部費用に大別する。

内部費用は、産廃処分場建設費用、産廃処分場運営費用、建設・運営者の利潤、であろう。

従来は外部費用とされていた項目は、環境汚染対策費用、事後処理費用、住民対策費用であろう（図表Ⅵ－5参照）。

この内、産廃処分場建設費用は従前と変わらないであろう。極端に安く造って過剰な利益を求める場合は別であるが、規制を守って造る処分場は、外部費用を勘案しても建設費用の差は生じないはずである。産廃処分場運営費用についても、外部費用を勘案しても従前と大きくは変わらないと思われる。基本的処理費用は、埋め立てに係わる作業が変わらない以上同じはずである。安全規制の強化に伴う処理費用の増大が、今後予期される。この部分は増大はするが、内部費用の内である。利潤も、自己資金に対する報酬として一応費用の構成要素に入れておく。

環境汚染対策費用は、事後の問題対応費用削減につながる、事後的外部費用の内部化に必要な費用である。

しかし、経験上、産廃処分場の環境被害を全くゼロにすることはかなり困難であろうと思われる。万一汚染が生じた場合、自然環境の原状回復と、健康被害（が発生した場合）の被害に応じた治療費の支出や賠償支払いが必要となる。発生リスクがある汚染被害の費用内部化は、発生確率と想定される被害額を勘案した保険料相当の負担によって行われることになるであろう。被害発生の認定条件と被害者や被害対象物の認定についても、事前に規定を作成することが必要であろう。

健康被害に関しては、死者が出た場合、自動車事故の数倍（2～3倍）の賠償額を前提にすべきであろう。産廃処分場による環境汚染による健康被害の顕在化は、交通事故よりも加害者の責任が大きいと考えるからである。人命を金銭評価することには、感情的な抵抗が強いが、金銭評価を行わなければ、賠償金額や、汚染予防投資が低く抑えられる可能性が高くなる。そして、事前の想定がなければ、賠償に必要な額の積立や準備等の努力も行われ難くなるのである。

産廃処分場は満杯になれば閉鎖されるが、閉鎖後も汚水処理やモニターを続ける必要がある。その費用は、予め基金を設定して確保しておくことが望ましいであろう。基金を形成する資金は、処分料金から調達されてしかるべきである。

住民対策費用も産廃処分料金に含まれることになる。この部分は、処分場設置者への信用度により、かなり異なってくると思われる。産廃処分場の外部費用の抑制と補償がルール化され、その効果が公示される必要がある。これが可能となれば、処分場受け入れに対する過剰な反発は軽減される可能性があろう。

図表Ⅵ－5．産廃処分場費用（外部費用含む）の構成要素

構成要素：大枠	構成要素：事項	費用内容	動向・変化等
産廃処分場建設費用	用地買収費用 施設建設費用	資本費 減価償却費	・従前通り ・従前通り
利潤	利潤	利潤	・安定化（期待率の低下）[1]
産廃処分場運営費用	処理費用	中間処理費用[2] 汚水処理	・従前通り
	安全規制強化費用（汚染予防）	中間処理費用 汚水処理	・従前より処理水準が上がることにより、処理費用は増大傾向に
環境汚染対策費用	自然環境被害	原状回復費用	・リスクを勘案した回復費用に関する保険料相当額の負担増大
	現在、産業廃棄物適正処理推進基金支援事業として、原状回復のための資金援助を行う制度がある。これは不法投棄の原状回復を主とするもので、もう少し幅が欲しい。		
	健康被害	治療費 賠償金	・リスクを勘案した保険料相当額 ・人命の被害については、交通事故死者の数倍で計算すべき
閉鎖後の措置に要する費用	長期間処理・監視	長期処理・監視費用	・基金設定相当分の負担増大
住民対策費用	ゴミ箱・過疎地	アメニティ施設建設費用 同、サービス提供費用	業界内・地域間／交渉・競争（施設建設「価格」の形成）

注1．負の外部性の内部化が進行すれば、産廃処分場事業の不確実性が減少するものと想定している。
注2．（財）福井県産業廃棄物処理公社の処理（焼却、破砕、固形化、脱水、他）を前提とする。

3. 産業廃棄物課税

(1) 地方分権と課税効率

　環境庁（当時）の検討会では、「産業廃棄物の排出削減に税や課徴金などの導入が有効である」とし、この負担を課すのは「全国レベルでの対応が有効」とする報告をまとめたと報じられている[4]。そして、この報告書では、「国が直接課税するか、標準的な税率などを示し自治体が課税する方式が産廃削減に有効」としているとのことである。

　産廃税の賦課すると、廃棄物追い出し効果があり、（県間ではあるが）租税輸出が行われることとなる。これらが、産廃税の賦課には全国レベルでの対応が有効とされる根拠の一部である。この両者が必ずしも悪いとは言えない。通常の財や所得に対する租税競争であると有害なものもある。合理的な課税であれば、産廃課税が全国的に行われるようになれば、産廃排出に対する負担が普及するということである。租税輸出も、負の外部性に対する補償を求めると考えれば、むしろ望ましいことである。

　課税については、個別の自治体（特に県）よりも、広域的ないし全国的な方が有利である。

　産廃税の賦課は、産廃の排出、運送、中間処理、最終処理の各段階で行われることが望ましい。脱漏が少なくなるし、不法投棄の誘惑も相対的に少なくなる。

　その場合、排出県、輸送事業者の所在県においても課税されることが望ましい。現在の産廃課税は最終処分場が立地する県で構想されている。しかし、産業廃棄物の発生から処分までの流れを考えれば、付加価値税と小売り売上税の関係にも似て、課税段階は多段階化する方が、正確かつ的確な賦課が期待できるのである。

　国家が一律的に課税を行うと、租税制度上は有利である。しかし、各々の地域の特性を勘案することは困難になる。現状のように、各自治体による個別の課税は、地域性の尊重には資するが、団体間の課税上の対立が生じる可能性が大きくなる。また、産廃の流れに沿った課税は困難である。一長一短である。

　しかし、ここに地方分権の観点を導入すると、回答は自ずと明ら

かになる。自治体の主体性を主としつつ、課税上の不効率をなるべく小さくするのである。

具体的には、試案として、以下のようなやり方が考えられる。

先ず、産業廃棄物管理のマニフェストに沿った課税を可能とするシステムを導入する。

次に、マニフェストの各段階における課税は各々の課税客体の所在地である自治体が行う。その際、ゼロ税率も認めるが、産業廃棄物が地域(県)外に流れ出る場合は、排出県の自治体が責任を以て地域外に租税資料を提供することとする。処分地域(県)と排出地域の連携が重要であるが、単一の自治体では連携が取り難ければ、最小限度の国の仲介が必要となる。

(2) 地域(県)単位での産廃課税

産廃課税については、三重県が比較的早期に、まとまった構想を発表し実施した。当初この税は「産業廃棄物埋立税」として構想されたようである[5]。この税の負担者は、その排出する産業廃棄物を三重県内で埋立処分しようとする産廃排出事業者である。この排出事業者は、三重県内の産廃埋立業者と産廃処分委託契約を結ぶ。この処分料を払う時、税金分も埋立業者に支払う。この税の徴収・納税義務者は、三重県内で営業する埋立業者である。埋立業者は、預かった税金を県税事務所に、毎月申告・納税するとされていた。しかしその後、埋め立て税ではなく、搬入に課税をするように変えた。

初期の構想では、税率はトン当たり1,000円~2,000円であり、年間約90万トンの埋立量があるので、年間税収は9~18億円と見込まれていた。この税の目的は、排出抑制効果がまず狙いとしてある。税収の使途は、①廃棄物発生抑制の推進・リサイクル推進のための環境政策、②県および処分場所在市町村の環境対策、とされている。この税の目的として、迷惑施設である産廃処分場の追い出しは含まれていないとのことである。目的としては含まれていなくても、そのような効果が出る可能性は当然に考えられるところである。近隣諸県との連携が必要とされるところである。

この税(構想)への批判として、税率が高いというものがあった。2000年6月に三重県の産廃対策推進協議会において「消費税に比べて産廃税の二〇%は高すぎないか」[6]との質問(意見)が出たとのことである。また新規負担を課すことにより、不法投棄の増大や、

産廃埋立需要が税負担の無い他県に逃げ出す可能性もある。三重県は、事業者が産廃処理施設に運び込んだ廃棄物の重量を知事に報告し、トン1,000円の税を収める仕組みで、税率は低い方にした。

産廃税の賦課によって、廃棄物を他地域（県）へ追い出す効果が生じる可能性が高い。それ以外にも、日本国内ではあるが、県間の租税輸出効果が生じる可能性もある。

県域へ持ち込まれなければ、三重県に課税権限はない。同県に持ち込まれる産業廃棄物の多くは、愛知県の企業が排出しているであろう。両者が協力して課税しなければ、脱漏や不法投棄の可能性が大きくなるのである。国の関与がない状況では広域連携が求められるのである。

（3）産廃税の広域課税

北東北3県（青森・秋田・岩手）の知事が、来年度（平成15年度）から共通の産廃課税を施行することに同意したと報じられている[7]。岡山、鳥取、広島の3県も同様な動きを示している。北東北3県の課税は、法定外目的税として賦課されることとなっている。税率はトン当たり千円、徴収者は最終処分事業者である。税収は産業廃棄物抑制とリサイクル促進に充当される。3県は産業廃棄物の不法投棄が急増しているため、広域で産業廃棄物対策を進めるとのことである。

投棄される側の広域連携は勿論重要である。特に、不法投棄については、隣接する諸県が協力する意義は大きい。3県は道州制も視野において広域政策連携を進めているとのことである。廃棄物に関する協力が、より大きな政策構想の枠組みの中出行われているとすれば、大きな効果を期待したい。

しかし、産廃税の広域課税は、排出県と処分県、そして産廃が通過していく県の連携の下に行われる事が望ましい。産業廃棄物のマニフェストに沿った課税を行うことが、賦課対象の的確な把握に繋がるからである。同時に、マニフェストを課税と連動させることが、産業廃棄物の適正な管理に重要な関心を持つ主体を生み出すこととなる。

現時点では、税率は三重県の先例に倣ったか、トン当たり千円が主流になりそうである。しかし、本章で既に述べたように、産廃処分場（埋立処分場）の負の外部性を費用に含め、そこまでの負担を

求めることが、地域環境税の理念に適うシステムである。そのためにも、排出、運搬、処分に係わる諸自治体（県）が連携することが強く望まれる。

注記
1） 朝日新聞2001年1月31日3面「産廃処分量6割減」
2） 関東弁護士会（1996）『廃棄物処理の改正に向けて』（配付資料）
3） 下野新聞ホームページ「不法投棄通報者に報償金　都賀町が条例制定へ」2001年6月12日
4） 日本経済新聞　2000年12月29日26面「産業廃棄物の排出削減策　国レベルの課税有効環境庁検討会報告書」
5） 三重県の産廃課税については、同県のホームページおよび同県総務局税務政策課長、植田隆氏談（2001年6月3日、地方財政学会）による。
6） 朝日新聞　2000年7月12日15面「動きだす環境税　中」
7） 日本経済新聞　2002年8月23日夕刊1面「青森・秋田・岩手　産廃に3県共通課税　知事合意、来年度から施行」

むすびとして

地域環境税：租税、手数料、料金（価格）

　地域環境税とは、①地域の環境に負荷を与える行為を抑制する効果を持ち、②環境対策費用を賄うことを目指した、経済的負担（金銭負担）全体の呼び名である。環境対策費用を賄うという点から、③環境対策に必要となる費用を基準にして、負担率（税率）を計算することを想定している。経済的負担全体を指すので、税、手数料、料金（価格）を含む。

　広い意味の環境問題は、大きくは、公害問題と上述の狭い意味の環境問題に別れる。公害と異なり、環境に負荷をかける行為は、それ自身は毒性が乏しく、個々の行為は違法性を持たない。車を走らせ、ごみを捨てる行為を違法とすることはできないのである。全く普通の生活をおくるための行為が環境に負荷をかけるのであるから、それを行う単位（人や企業等）も極めて多数である。

　政府の規制は、公害問題対策として大きな成果を挙げた。規制対象は主に工場であり、相対的に数が少なく固定施設なので規制が効果的だったからである。狭義の環境問題は、加害者の数が極めて多く、被害者との区別も分明でないので、規制という手段によって抑制するのは極めて多額の費用が必要となり、実施は難しい。

　環境に負荷を与える行為について、経済的負担を課して、その行為を減らそうとする政策が採用される方向にある。地球環境問題に適用される炭素税がその典型である。地域環境税は、環境税の一種として、地域の環境に負荷を与える行為に課される。

地域環境税の効果：費用と便益（原因）の対応

　地域環境税の賦課は、行政に係わる費用と、そこから受ける利益（便益）を対応させる。あるいは、行政費用を、その行政が必要となった原因を作った者に負担させることを可能にする。

　地域環境税は、環境対策費用から負担率（税率）を算出しようというもので、環境費用を賄う税とも表現できる。この方法であれば、個々の自治体でも適切な税率を計算できるであろう。自治体財政（会計）への企業会計原則の適用の試みは、費用計算を一層適切・

正確なものにすることが期待できる。典型的な環境税であるピグー税やボーモル・オーツ税では、適切な税率の算定は困難である。

一般廃棄物処理の有料制の例で示したように、適正な費用計算の結果、費用と便益（原因）の対応関係を確立することは、単一の自治体内において、費用を公平に分担させることとなる。ごみの排出量に応じた負担がなされ、原因者負担原則に叶うものである。一般会計による負担だと、排出量に係わらず個人負担は一定なので、有料制（地域環境税）の方が公平である。

公平なだけではない。原因者負担は、廃棄物の排出者に価格効果をもたらし、経済効率性を増進することが期待される。追加的資金調達が行われるので、自治体財政の自主性向上にも一定の寄与がなされる。同時に、廃棄物処理行政に対する費用負担者の目が厳しくなり、自治体行政の能率向上の刺激となる。

地域「間」環境税：費用と便益の地域的配分手段

費用と便益（原因）の対応を明確にすることは、直接的な効率性と公平性の向上をもたらすのである。これは、一つの自治体内部で生じることであるが、費用便益対応の追求は、地域間（自治体間）の負担の公平性や地方自治の推進にも資するものと考えられる。

地域（行政区画）を越えて動く廃棄物等は、産業廃棄物（産廃）であり、リサイクル資源である。再使用される廃棄された耐久消費財（家電、自動車等）もそうである。

一般廃棄物の地域内処分原則がむしろ例外であり、多くの廃棄物は広域で流動する。産廃は、大都市圏や工場地帯から排出され、多くが中山間地に立地する埋立処分場に運ばれる。これは県域を越えることがむしろ普通であり、三重県で導入され諸県でも産廃税が検討されている等、受け入れ地域での課税が広がりつつある。

リサイクル資源も同様であり、排出地域、中間処理地域、再生処理地域が一致しないものは多い。国外で再生処理されるものも少なくない。再利用可能な耐久消費財も、排出地と再利用地が一致しないことがある。国内では輸送費の問題からむしろ近い所が多くても、輸出が行われる例が多いのは既に述べた通りである。

これらの処分、再生利用、再利用やその過程に外部費用が伴うことがある。その外部費用は、排出者が負担すべきである。原因者負担が貫かれれば、結果として、地域間における費用と便益（原因）

の適正な配分が期待できるのである。

地方分権と地域「間」環境税

　一般化して言えば、他の地域に由来する環境負荷に応分の負担を求めることとなる。更には、自己の地域が他地域に提供している環境上の便益に対する負担を求めることとなる。地域環境税は廃棄物の検討から始めたのであるが、水資源や空気のような他の環境問題にも適用可能であろう。

　基本的には、森林が持つ環境保全機能の正の外部性に係わる便益の負担を求めることとなる。便益（利益）評価ができればよいが、困難であれば、（望ましい）森林保全に必要な費用を算定し、適当な基準によって、受益地域への負担を求めることが考えられる。二酸化炭素の吸着量、水資源の提供量（質）等である。

　森林資源のような自然環境は、人間が手入れすることにより、人間にとって良好な環境を形成し維持している。それには費用がかかる。国土の70％にも及ぶ中山間地は、水質保全、大気浄化、生物種の保持といった形で、都市部を中心とする全国土に環境上の便益を提供している。これらの便益は、外部化されており、市場では評価されない。それもあり、中山間地に位置する自治体は税源に乏しく財政資金が不足していることも少なくない。

　この便益を金銭評価して適当な対価を与えることにより、自然環境の保全に必要な資金がより適切に循環することが期待できる。同時に、財政調整機能もある程度果たす。これは財政力格差を大きく平準化する程の力はないが、当然の報酬としての環境便益への対価を提供することは、地方自治・分権に貢献すると考える。

　地方分権と地域「間」環境税については、今後研究を進めたいテーマである。

著者略歴

和田　尚久（わだ　なおひさ）

1953年生まれ（静岡県出身）
1981年　駒沢大学大学院経済学研究科博士課程満期退学(所定単位取得済)
　　　　社団法人　日本経済調査協議会　調査部主任研究員就任
　　　　　　（文部大臣指定学術研究団体：当時）
1993年　福井県立大学経済学部経営学科　助教授就任
2000年　作新学院大学地域発展学部地域経済学科　教授　現在に至る

〔著作・単著〕
1．『地域環境税』日本評論社　2002年6月
2．『資源リサイクルに関する政策フレームの形成に向けて―各国の制度と台湾の制度（資源回収管理基金制度）を巡って―』社団法人　日本経済調査協議会2000年2月
3．『地方分権のあり方に関する調査・研究』(社)連合栃木総合生活研究所1996年3月

〔著作・共著〕
1．『循環型社会の公共政策』中央経済社　2002年7月
2．『廃棄物とリサイクルの公共政策』中央経済社　2000年4月
3．『財政学』学文社　1997年4月
4．『現代の公益事業　規制緩和時代の課題と展望』ＮＴＴ出版　1996年12月

　　　　　　　　　　　　　　　　　　　　　　　　　　　他多数

地域環境税と自治体
－環境にやさしい税のシステム－

発　　行	2002年11月25日
著　　者	和田　尚久
編　　集	イマジン自治情報センター
発行者	片岡　幸三
印　　刷	今井印刷株式会社
発行所	イマジン出版株式会社Ⓒ

〒112-0013　東京都文京区音羽1-5-8
電話：03-3942-2520　FAX：03-3942-2623
http://www.imagine-j.co.jp

ISBN4-87299-314-4　C2033　￥2200E

イマジン出版 図書のご案内

お申し込みは：**イマジン自治情報センター**
〒102-0083 東京都千代田区麹町2-3 麹町ガーデンビル6D
TEL.03(3221)9455 FAX.03(3288)1019

全国の主要書店・政府刊行物サービスセンター
官報販売所でも取り扱っております

イマジンホームページ
http://www.imagine-j.co.jp/

自治体議会政策学会叢書
COPA BOOKS コパ・ブックス

☆最新の情報がわかりやすいブックレットで手に入ります☆

分権時代の政策づくりと行政責任
佐々木信夫（中央大学教授）著
- 分権時代の国と地方の役割、住民の役割を説き、「政策自治体」の確立を解説。
- 地域の政治機能・事務事業の執行機能に加え、今問われる政策立案と事業機能を説明。

□A5判／80頁 定価[本体900円+税]

ローカル・ガバナンスと政策手法
日高昭夫（山梨学院大学教授）著
- 政策手法を規制・経済・情報の3つの類型で説明。
- 社会システムをコントロールする手段としての政策体系がわかりやすく理解できる。

□A5判／60頁 定価[本体900円+税]

自治体議員の新しいアイデンティティ
持続可能な政治と社会的共通資本としての自治体議会
住沢博紀（日本女子大学教授）著
- 政治や議会が無用なのか。政党と自治体議会の関係はどのようにあるべきかを説く。新たな視点で自治体議員の議会活動にエールを送る。

□A5判／90頁 定価[本体900円+税]

自治体の立法府としての議会
後藤仁（神奈川大学教授）著
- 住民自治の要として、自治体の地域政策の展開が果たす役割は大きい。立法府としての議会はどのように機能を発揮すべきか。議会改革のポイントを説く。

□A5判／88頁 定価[本体900円+税]

ペイオフと自治体財政
―地方公共団体の公金管理と運用―
大竹 慎一（ファンドマネージャー）著
- 自治体の公金管理と運用の力量が問われる時代。自治体公金管理者は公金の動きをどのように把握すべきか。ニューヨークを足場にファンドマネージャーとして活躍する経済人の目から、自治体財政の改革点を指摘。タイムリーなお薦めの書。

□A5判／70頁 定価[本体900円+税]

自治・分権の視点から
市町村合併の課題をわかりやすく解説

自治・分権と市町村合併

丸山康人（四日市大学地域政策研究所教授）編・著

定価（本体2200円＋税）A5判・210頁

- ■第1部　今なぜ市町村合併なのか
- ■第2部　市町村合併を考える4つの手がかり
- ■第3部　市町村合併の実際を見る

朝日新聞・日刊工業新聞などで好評

■追い詰められての合併、押し付けられての合併を脱し、「住民主権」・「自治体の自立」をめざす議論に必携の書。真の自治体づくりに必要な行政運営や自治能力の獲得、利用者（住民）に分権を進める自治体のあり方など、実践からの提言を紹介。市町村合併の仕組みや準備作業もわかりやすく解説。

わかりやすく自治体財政を読み解く
財政の初歩からバランスシートの作成まですぐわかる

ご好評につき改訂して増刷!!

［改訂］自治体財政はやわかり
―予算・決算、バランスシートから行政評価の作成まで―

兼村 高文（明海大学教授）　星野 泉（明治大学教授）著

定価（本体2500円＋税）A5判・256頁

■自治体予算の役割と仕組み、決算の読み方、会計の仕組みと改革の方向、内部監査・外部監査の現状や課題を解説。

■自治体予算の診断方法や財政運営の分析、バランスシートの読み方と作り方、行政評価・政策評価の意味と目的、使い方などを解説。

毎日新聞、政府刊行物新聞で好評